경찰실무에서의 사법(私法)

사례예시와 법적 해결

치안정책연구소

파스칼 바쉬텐 著

김형훈 · 서정범 共譯

박영사

역자 서문

    우리나라의 경우 경찰실무에서는 오랫동안 민사관계 불간섭의 원칙이라는 기조가 확고하게 자리 잡고 있었다. 이로 인하여 민사상의 법률관계에 관한 분쟁이 발생할 경우, 당사자인 국민이 해결을 요구해 오더라도 경찰은 분쟁해결을 위한 노력을 기울이지 않았던 것이 사실이다. 또한 이러한 공백은 경찰이 감당할 몫이 아니라는 입장이 지배적이었다. 그러나 가정폭력과 같은 문제가 국민적 관심사로 부상하면서, 사적 공간에서도 국가(즉 경찰)의 개입이 필요한 경우가 있음이 확인되기에 이르렀다. 그리고 근래 들어 그러한 사적 공간에도 경찰의 적극적인 개입이 실제로 이루어지고 있다.

    그러나 아직까지도 사적인 영역에 경찰이 개입할 수 있는 가능성을 뒷받침하는 법이론은 확립되지 못한 면이 있으며, 실무적으로는 경찰이 개입하기 곤란한 순수한 사적 영역과 경찰의 개입이 필요한 사적 영역이 구분되지 못하고 있다. 이로 인하여 (사적 영역과 관련된) 많은 공적 이익이 도외시되는 문제가 발생하고 있는바, 인적 사항을 알지 못하는 자에 의한 과실손괴 신고 등과 같이 민사적 권리보호가 긴급하게 요청되는 경우 등이 그 대표적 예이다. 즉, 이처럼 급박성이 요구되는 경우에는 적어도 관련된 민사분쟁의 당사자가 법원을 통한 구제절차를 밟을 수 있도록 매개해 주는 신원확인 등의 조치는 경찰의 책무인 위험방지영역에 속한다고 보아야 마땅할 것이다. 다만 이러한 이론적 필요성 내지 정당성에도 불구하고, 현실적으로 경찰이 이러한 조치를 취하기 위해서는 실정법상 이러한 조치를 가능케 하는 근거가 필요하다. 따라서 이러한 문제의 해결은 근본적으로 입법자 몫이며, 입법을 통한 문제해결이 여의치 않은 경우라면 학계의 해석을 통한 보완이 필요하다고 할 것이다.

　그런가 하면 관련된 사안에 대하여 사법적 대응이 충분히 가능할 뿐만 아니라 그것이 (국가의 개입에 의한 해결보다) 더 효율적인데도 불구하고, 그러한 사안에 접하게 된 경찰관의 법적 이해가 부족하여 사법적 해결을 위한 안내가 제대로 이루어지지 못하고, 그 결과 관계인이 사법적으로 대응할 수 있는 기회를 충분히 활용하지 못하는 경우도 많다. 이런 점을 고려하면 소위 "私法인 警察法"이 적극 발굴되어야 할 것인바, 그 대표적인 예를 우리는 인적 사항이 특정된 스토킹 행위자에 대한 대응에서 찾아볼 수 있다. 즉, 금년 10.21일 시행되는 스토킹범죄의 처벌 등에 관한 법률(이하 스토킹 처벌법이라고 한다)에도 불구하고 인적 사항이 특정된 스토킹 행위자에 대하여는 민사상 접근금지 가처분신청이 여전히 효과적인 대응조치이지만, 과연 일선 경찰관이 스토킹 처벌법이 발효된 후에도 민사상 접근금지 가처분신청의 활용을 관계인에게 안내해 줄 수 있을는지는 의문이다. 인적 사항이 특정된 정신질환자에 의한 반복적이고 위협적인 행위, 저장강박증(貯藏强迫症, compulsive hoarding syndrome)에 빠진 자의 자기 주택 내의 대량쓰레기 보관, 울타리 없는 사인의 대지에의 불법주차 등의 경우 또한 마찬가지 문제이다. 따라서 다른 법영역, 특히 민사적 영역에서의 공공의 안녕과 질서에 대한 위험방지 역시 넓은 의미의 경찰활동으로 보고, 민사적 영역에 대한 전문적 지식을 습득하여 관계인에게 그를 안내하는 것 또한 경찰의 의무에 속한다고 보아야 할 것이다.

　경찰활동과 관련하여 사법적 지식이 필요하다는 점을 인정하는 경우에 남는 문제는 어떻게 하면 경찰과 관련된 사법적 지식을 현장의 경찰관에게 전달해 줄 것인가에 관한 것이다. 이에 공역자들은 우리보다 상대적으로 경찰법이론이 먼저 발달한 나라의 경우 우리가 갖는 이러한 고민 또한 먼저 있었을 것이라는 것에 착안하게 되었고, 그러한 문제를 다루고 있는 교재의 존재 가능성에 주목하게 되었다. 하여 관련 외국문헌을 검색하던 중, 독일 경찰교육기관에서 교재로 사용되고 있는 본서를 만나게 되었다. 물론 본서를 통해 설명되는 독일의 법제는 우리와 상당히 다르고, 그를 설명하는 이론적 체계 또한 우리의 그것과는 많이 다르다. 따라서 본서에서 다루는 내용이 우리나라에 그대로 대입될 수는 없는 노릇이고, 그를 우리나라에 적용하기 위하여서는 상당한 변용 노력이 필요할 것이다. 하지만 독일법이 다른 외국에 비하여 상대적으로 우리나라와 유사한 체계를 가지고 있어서, 우리의 경찰실무에서 본서를 참고하거나 약간의 변용을 거쳐 활용할 수 있으리라는 판단을 하기에 이르렀다. 적어도 본서에 예시된 공법과 사법이 교차하는 15가지의 케이스들만으로도 우리 경찰실무에 있어 많은 시사점을 제공할 수 있다고 확신한다.

　본서가 번역과 편집 작업을 통하여 이러한 형태로 출간되기까지는 많은 분들의 도움이 있었는바, 이 자리를 빌려 거명함으로써 고마움을 표하고자 한다. 먼저 과제선정과 공동번역의 과정에서 전폭적으로 행정적 지원을 아끼지 않으신 경찰대학 치안정책연구소 정병권 소장님과 김영수 연구부장님께 감사의 마음을 전한다. 또한 상업성이 확연치 않은 본서를 학술연구의 다양성 확보 차원에서 번역저작의 협상까지 맡아 발간을 단행하여 준 박영사에도 심심한 감사의 말씀을 전한다.

　번역 텍스트의 검색과 선정, 그리고 번역에 이르는 긴 시간 동안 공역자들의 머릿속을 떠나지 않은 것은 현장에서 지역 안전을 지키려 애쓰며 고민하는 12만 경찰관들이었다. 본서가 현장에서 발로 뛰며 국민의 안전을 지키는 경찰관 여러분들에게 관련문제에 대한 인식을 제고할 수 있게 하고, 그에 대한 학습에 자그마한 도움이 될 수 있다면 공역자들에게는 더할 나위 없는 기쁨이 될 것이다. 본서를 이러한 문제에 대한 향후 토의자료로 드리며 역자의 변에 대신한다.

2021. 10. 30.

공역자 **김형훈 · 서정범**

원저자 서문

경찰조치들은 항상 불확실한 조건 하에서 결정되어야 하고, 이 때문에 본질적으로 개연적 판단에 의존하게 된다.[1] 개연성 판단이 행해지는 위험이나 위험혐의[2] 상황에서는 항상 불확실성이 고려되어야 한다. 개연성을 고려한 경찰활동의 도전들은 불확실성과 시간적 촉박성 하에서, 私法的인 사례들과 관련하여 사실적 관점과 법적인 관점을 동시에 촉발하며 등장한다. 경찰은 사법적 요소가 없는 케이스들의 경우에는 불확실한 사실관계를 단순히 경찰법의 표준적 대응이라는 실제적인 관점으로 극복할 수 있는 반면, 사법적인 케이스들에서는 착수단계에서 일의적으로 개관하기 어려운 사법체계를 추가적으로 고려하여야 한다.

경찰실무에서의 사법은 더도 덜도 아닌 경찰관들을 위한 개입법(Eingriffsrecht)으로서 다루어진다. 본서에서는 사법과 관련한 특별한 개입법을 다루고자 하는데, 왜냐하면 여기서는 경찰법, 형법, 사법이 직접적이고 동시적으로 상호 얽혀진 **상황들**[3]이 논의되므로, 문제해결은 모든 법영역에 대한 균형있는 지식을 통해서만 이

---

1) 이에 관한 일반적이고 특별한 취급에 관하여는: *Nell*, Wahrscheinlichkeitsurteile; *di Fabio*, Risikoentscheidungen im Rechtsstaat; *Poscher*, Gefahrenabwehr; *Möstl* Die staatliche Garantie für die öffentliche Sicherheit und Ordnung.

2) 위험, 위험혐의 및 그것들의 전단계의 도그마틱적 중요성에 관하여는, 프로파일링(Rasterfahndung)의 예를 통하여 알 수 있다. *Basten*, Kriminalistik 03/2011, S. 200.

3) 상황이란 경찰작용을 결정하고 그에 영향을 주는 모든 주변 사정, 여건 및 진행사항들의 총체이다. 경찰업무규정(PDV) – 100에 관하여는 다음의 문헌을 참조할 것. *Schmidt/Neutzler*, Einsatzlehre der Polizei, Band Ⅰ, S. 87.

루어지기 때문이다. 경찰실무에서의 사법은 경찰이 고권적 주체로서 필요로 하는 사법을 말한다. 이러한 의미에서 경찰실무에서의 사법은 전형적인 침해행정을 뒷받침하는 경찰법을 의미하며, 국고행정과 관련된 순수한 사법, 즉 볼펜 같은 업무수단을 공급하기 위하여 경찰 행정부서들이 필요로 하는 사법을 말하는 것이 아니다.

선입견이 없는 시민들만 사법영역에서의 경찰의 권한에 대해 알지 못하는 것이 아니다. 경찰실무에 있어서 사법에 대한 필요성과 경찰교육에 있어서 사법의 이론적 취급 사이에는 간극이 존재한다. 따라서 본서 또한 실무에서의 전문적인 경찰활동을 위해 경찰법과 사법에 관한 지식을 강화하고자 만들어졌다.

오랫동안 – 독일에서 가장 공중의 왕래가 빈번한 지역 중 하나이며 가장 경찰밀도(Polizeidichte)가 높은 곳인 – 쾰른 도심에서 예방업무를 맡고 있던 경찰관으로서, 그리고 법학자로서 나는 계속하여 사법의 길에 확신을 주고자 한다. 왜냐하면 법적 확실성이 언제나 (경찰관의) 행동의 여지를 넓히고, 이러한 행동의 여지는 예컨대 불법행위인 공무소에서의 상해, 협박, 중강도, 사법방해, 압수물매각, 무죄자의 소추 등으로 인한 형사소추로부터 경찰관을 지켜주기 때문이다. 법적 확실성, 따라서 행동의 확실성은 공격으로부터 나를 지켜주며, 자기안전에 기여한다. 법적으로 확실한 자는 확실하게 행동한다. 그 외에도 형법전 제113조(공무집행방해)상의 저항은 형법 제113조 제3항 제1문에 따를 때 단지 적법한 직무행위에 대해서만 성립될 수 있다. 마지막으로 법적 확실성, 따라서 행동의 확실성은 법적 상황의 중과실적 오인을 방지하여 민법전 제839조와 연결된 기본법 제34조의 개인적 직무책임에서 발생하는 구상권으로부터 경찰관을 지켜준다.

직무책임법으로부터 경찰관에게 요구되는 평균적인 주의척도가 발전되어 왔는바, 그것이 경찰관의 책임을 결정한다.

확고하게 정립된 최고법원의 판례에 따르면 경찰공무원에 대한 11번째 계명(誡命)은 다음과 같다: 모든 국가공무원은 그의 직무수행을 위하여 필요한 법적 지식과 행정지식들을 보유하거나 습득하여야 한다.[4]

2013. 11. 18

Pascal Basten

---

[4] BGH, Urteil vom 27.01.1975 − Ⅲ ZR 112/72 = BGH, VersR 1975, 469 = BGH, WM 1975, 426.

차 례

약어 색인

AA	Akademieausgabe (im Werk Immanuel Kants)
ABl.	Amtsblatt
a.F.	alte(r) Fassung
AfP	Zeitschrift für Medien − und Kommunikationsrecht
AG	Amtsgericht
AGG	Allgemeines Gleichbehandlungsgesetz
AktG	Aktiengesetz
AöR	Archiv des öffentlichen Rechts
ArbGG	Arbeitsgerichtsgesetz
Art.	Artikel
ASOG Bln	Allgemeines Gesetz zum Schutz der öffentlichen Sicherheit und Ordnung in Berlin
BayVGH	Bayerishcer Verwaltungsgerichtshof
BbgPolG	Gesetz über die Aufgaben, Befugnisse, Organisation und Zuständigkiet der Polizei im Land Brandenburg
BeamtStG	Beamtenstatusgesetz
BeurkG	Beurkundungsgesetz
BGB	Bürgerliches Gesetzbuch
BFH	Bundesfinanzhof
BGBl.	Bundesgesetzblatt
BGH	Bundesgerichtshof
BGHSt	Bundesgerichtshof in Strafsachen, amtliche Sammlung
BGHZ	Bundesgerichtshof in Zivilsachen, amtliche Sammlung
BPolG	Gesetz über die Bundespolizei
BremPolG	Bremisches Polizeigesetz
BSG	Bundessozialgericht
BVerfG	Bundesverfassungsgericht
BVerfGE	Bundesverfassungsgerichtsentscheidung, amtliche Sammlung

BVerfGG	Bundesverfassungsgerichtsgesetz
BVerwG	Bundesverwaltungsgericht
BVerwGE	Bundesverwalungsgerichtsentscheidung, amtliche Sammlung
BVwVfG	Verwaltungsverfahrensgesetz(Bund)
bzgl.	bezüglich
ca.	circa
DAR	Deutsches Autorecht
DB	Der Betrieb
ders.	derselbe
DÖV	Die Öffentliche Verwaltung
EG	Europäische Gemeinschaft
EGBGB	Einführungsgesetz zum Bürgerlichen Gesetzbuch
EGMR	Europäischer Gerichtshof für Menschenrechte
EU	Europäische Union
f./ff.	folgende
FamFG	Gesetz über das Verfahren in Familiensachen und in den Angelegenheiten der freiwilligen Gerichtsbarkeit
FamRZ	Zeitschrift für das gesamte Familienrecht
GBl.	Gesetzblatt
GE	Das Grundeigentum−Zeitschrift für die gesamte Grundstücks−, Haus− und Wohnungswirtschaft
GenG	Genossenschaftsgesetz
GewO	Gewerbeordnung
GewschG	Gewaltschutzgesetz
GG	Grundgesetz für die Bundesrepublik Deutschland
ggf.	gegebenfalls
GVBl.	Gesetz− und Verordnungsblatt
GVG	Gerichtsverfassungsgesetz
GVGA	Geschäftsanweisung für Gerichtsvollzieher
GVOBl.	Gesetz− und Verordnungsblatt
GV.NRW.	Gesetz− und Verordnungsblatt für das Land Nordrhein−

NVwZ – RR	Neue Zeitschrift für Verwaltungsrecht – Rechtsprechungsreport
NZM	Neue Zeitschrift für Miet – und Wohnungsrecht
NZV	Neue Zeitschrift für Verkehrsrecht
OLG	Oberlandesgericht
OWiG	Gesetz über Ordnungswidrigkeiten
OVG	Oberverwaltungsgericht
PAG	Gesetz über die Aufgaben und Befugnisse der Bayerischen Staatlichen Polizei
PartGG	Partnerschaftsgesellschaftsgesetz
PbefG	Personenbeförderungsgesetz
PDV	Polizeidienstvorschrift
PflVG	Pflichtversicherungsgesetz
POG RP	Polizei und Ordnungsbehördengesetz Rheinland – Pfalz
PolG BW	Polizeigesetz Baden – Württemberg
PolG NRW	Polizeigesetz des Landes Nordrhein – Westfalen
Rdnr.	Randnummer
RechtspflG	Rechtspflegergesetz
RennwLottG	Rennwett – und Lotteriegesetz
RGSt	Reichsgericht in Strafsachen, amtliche Sammlung
RGZ	Reichgericht in Zivlsachen, amtliche Sammlung
RL	Richtlinie
S.	Seite
SäschsPolG	Polizeigesetz des freistaates Sachsen
SMG	Gesetz zur Modernisierung des Schuldrechts
SOG LSA	Gesetz über die öffentliche Sicherheit und Ordnung des Landes Sachsen – Anhalt
SOG M – V	Gesetz über die öffentliche Sicherheit und Ordnung in Mecklenburg – Vorpommern
SPolG	Saarländisches Polizeigesetz
StGB	Strafgesetzbuch
StPO	Strafprozessordnung

StVG	Straßenverkehrsgesetz
StVO	Straßenverkehrs – Ordnung
StVZO	Straßenverkehrs – Zulassungs – Ordnung
ThürPAG	Thüringer Gesetz über die Aufgaben und Befugnisse der Polizei
TKG	Telekommunikationsgesetz
UWB	Gesetz gegen den unlauteren Wettbewerb
VAG	Versicherungsaufsichtsgesetz
VVG	Verschierungsvertragsgesetz
VersR	Zeitschrift für Versicherungsrecht, Haftungs – und Schadensrecht
VG	Verwaltungsgericht
vgl.	vergleiche
VwVfG	Verwaltungsverfahrensgesetz
WEG	Wohnungseigentumsgesetz
WM	Zeitschrift für Wirtschafts – und Bankrecht
WuM	Wohnungswirtschaft und Mietrecht
ZIP	Zeitschrift für Wirtschaftsrecht
ZMR	Zeitschrift für Miet – und Raumrecht
ZPO	Zivilprozessordnung
ZR	Zivilrecht
ZVG	Gesetz über die Zwangsversteigerung und die Zwangsverwaltung

I

유용성과 활용

Ⅰ. 유용성과 활용

    이 책은 서론과 결론을 포함하여 모두 9개의 장으로 구성되어 있다. 2장에서는 전체 법질서 내에서 사법의 지위가 다루어진다. 3장에서는 사법과 경찰법 간의 관할질서가 양자의 본질적인 기본조건, 인터페이스 및 경계를 둘러싸고 기술되고, 또한 양자 중 어느 것이 언제 어디서 그리고 왜 적용되는지도 보여진다. 4장에서는 민사소송법이 상술된다. 5장에서는 사법의 바이블인 민법전이 소개된다. 6장에서는 사법의 기본개념과 기본원리가 정의되는 바, 이들은 항상 사법적 사실관계의 기본원리와 틀 및 배경을 형성한다. 법도그마틱적인 기본토대를 알고 체계적으로 기본토대로부터 출발하는 사람은, 항상 타당한 결론에 도달한다. 기본토대들은 고유한 용어, 즉 법적 개념들을 갖는다. 단지 그 용어를 잘 이해하는 자만이 기본원리를 이해하고 적용하며, 다른 것들과의 관계도 잘 이해할 수 있다. 직관없는 개념은 공허하고, 개념없는 직관은 맹목적이다.5) 실무에 중요한 사법의 기본원리와 개념은 개별사안들을 통해 예시사례들에서 일목요연하게 설명된다. 기본원리를 잘 이해하고 있는 자라면, 모든 새로운 개별사안들 또한 잘 파악할 수 있을 것이다. 7장에서는 모든 실무적으로 중요한 경찰

---

5) *Kant*, Kritik der reinen Vernunft, AA 0003Ⅲ, S. 75.

관련 상황 및 사법과 관련된 실무사정들이 제시되고, 그러한 상황
또는 그와 유사한 상황을 극복하기 위한 법리가 제공된다. 모든
서술을 각각의 예시사례와 결부시켜 행하는 것은 '실무로부터 실
무을 위하여'라고 하는 중요한 가치의 재인식과 거듭되는 훈련을
통해 실무와의 밀접성을 보장하기 위함이다. 또한 흥미로울 수는
있으나 상황극복을 위해서는 불필요한 것들은 더 이상 상세하게
서술할 필요가 없다는 것을 분명하게 보여주기 위함이다. 모든 사
안은 - nomen est omen[6] - 저마다의 특색을 갖고 있으며, 따
라서 다른 사안은 다른 결과를 가져올 수 있다. 그러므로 예시사
례들은 서랍사고(역주: 고정관념)나 터널블릭을 통하여 유일한 결론
에 이르는 것과 같이 극단적으로 편향되는 일이 없도록 해당 사안
에 대하여 모든 잠재적으로 중요한 측면들을 빠짐없이 고려하고
있다. 8장에서는 책임을 부담하거나 처벌을 받을 리스크에 대한
언급과 그를 최소화하기 위한 전략이 열거된다. 이 책은 간단하면
서도 다양하게 읽혀질 수 있다. 모든 장들은 독립하여, 또한 다른
순서로도 읽혀질 수 있다. 7장에서의 모든 예시사례나, 심지어 모
든 개념 정의의 경우에도 마찬가지이다. 따라서 이 책은 참고서적
으로서도 가장 적합하다. 물론 예시사례에서 사용되어지는 기초원
리들은 책 전체를 읽을 독자들이 전체 구조를 가장 빠르게 이해할
수 있도록 체계적으로 구성되어 있다. 이 책은 법학 중에서 사법
전체를 장황하거나[7] 지루하게[8] 전달하는 것이 아니다. 이 책은
확실하게 행동하기 위하여, 그리고 "- 내 언어의 한계가 내 세계

---

6) 라틴어이며 "이름은 표식 또는 프로그램이다"라는 의미이다. - 기원은
   (로마 희극작가) Plautus(플라우투스, 대략 기원전 250-184)가 그의 작
   품 "페르사"(Persa, 페르시아인)에서 "nomen atque omen"(이름이 곧
   징후: 의역 - 이름이 모든 것을 말한다)라고 표현함에 있다.

7) 라틴어 표현으로 in extenso.

8) 라틴어 표현으로 ad infinitum.

의 한계"9)이므로 − 자신이 아는 것을 말로 표현할 수 있기 위하여 경찰과 사인이 실무상 알아야 하는 사법을 그들에게 정확하게 전달한다. 언어적 능력은 중심적 개념들이 법률전문용어로서 책의 색인 속에 리스트업됨으로써 만들어진다.

규정의 내용들은 이 책 본문 중 가장 중요한 곳에서 법률 문언에 충실하게 표현되며, 그를 통하여 법적 자문을 구하는 사람이 지루하게 규정을 찾는 일이 없도록 하였다. 경찰에게 중요한 사법이 교육현장에서 의붓자식 취급을 받는 것만큼이나, 사법상의 규정 문언들 또한 경찰 관련 법령집에서 불완전하게 간신히 명맥을 유지하기 때문이다.

이 책은 나아가 중요한 내용을 담고 있는 판례의 경우 그 상세한 출처를 주석에서 제시함으로써, 실무에서의 접근성을 높였다. 이처럼 주석에서 법률, 판례, 문헌의 출처를 언급하는 것은 관심이 생기는 경우 그때그때 거론되는 주제에 대하여 심화학습을 할 수 있도록 해준다.

이 책의 본문에서는 법률이나 행정규칙과 같은 법원(法源)의 명칭은 법률(명)을 인용할 때의 실무적 관행에 따라 대부분 일반적으로 많이 사용되는 약어(略語)로 표현하였으며, 공식적인 원래의 명칭은 약어색인에서 찾아볼 수 있다.

이 책은 독자들을 지금까지 갖고 있던 원래의 사고로부터 벗어나도록 하려는 것이 아니라, 모든 새로운 상황에 알맞게 변형하여 실행할 수 있도록 하고자 한다. 독자들에게 기대되는 것은, 적어도 이 책을 읽고 난 후에는 실무에 임할 때에 마치 자극반응 자동장치와 같이 이미 들은 것에만 즉각적으로 반응하지 말고, 이 책을 통하여 얻은 지식을 다시 한번 고려해 보고, 나아가서 다른

---

9) *Wittgenstein*, Tractatus logico−philosophicus(논리적이고 철학적인 논문), Nr. 5. 6.

것들과 결합시키고, 모든 새로운 개별사안에 접목하는 것이다. 고
정관념이 얼마나 커다란 혼란을 초래하는지를 잘 보여주는 대표
적 예시는 형법에서 유명한 고양이왕 사건(Katzenkönig-Fall)[10]일
것이다. 즉, 여기에서 나오는 표현에 붙여진 괄호(역주: 간접정범과
관련된 설명)들처럼 고양이와 왕이라는 단어가 나오는 모든 사실관
계가 간접정범을 다룰 필요는 없다. 고정관념과 교본이 아니라,
블록 조립방식에 따라 행동하고, 타당한 내용을 지식저장고로부터
취해야 한다.

　한편, 단어의 문법적인 성(性)은 단지 가독성을 위하여서만 사
용되며, 따라서 그것은 필연적으로 자연적인 성을 의미하는 것이
아니라 법적인 기능과 역할을 수행할 뿐이다. 이러한 문제는 - sit
venia verbo[11] - 나이 든 아버지들의 전통적 언어 관념에 따르면
전체 법률안에서도 발생한다. 단어의 성과 관련한 문제는 자연적
인 성(性)과 상관없이 이 세상에 그대로 존속하며, 완전히 특정된
개인은 그의 호칭에 있어서도 자연적인 성과 상관없이 특별히 취
급되어야 한다.[12]

10) BGHSt 35, 347(역주: 자기망상에 빠져 인간의 희생이 요구된다는 미명
　　하에 피해자를 살해, 1986년).
11) 라틴어이며 "이 표현을 용서하라"라는 의미이다(역주: 이 문장에서는
　　뒤이어 나오는 표현과 관련하여 '죄송스러우나' 정도의 의미로 볼 수
　　있다).
12) 문법에 있어서 성구별 문제 전체에 관한 참조: *Walter*, Kleine Stilkunde
　　für Juristen, S. 217-224.

II

전체 법질서에서
사법의 지위

Ⅱ. 전체 법질서에서 사법의 지위

1. 사법(私法)과 공법

법질서는 오래 전부터 사법과 공법의 두 영역으로 자리잡았다. 사법 또는 공법으로서 자리매김은 법규의 올바른 적용과 올바른 권리구제 수단을 위하여 중요하며, 이는 **주체설 또는 특별법설**13)에 따라 실행된다.

사법(Privatrecht)은 모두에게 동등하게 적용되는 법에 따른 관계를 규율한다.

공법(Öffentliches Recht)은 적어도 한쪽 당사자가 공법적 법률관계를 근거로 성질상 고권력 주체로서 권한을 갖거나 의무를 부담하는 경우에 존재한다.

공법의 일부인 **헌법**이 대두되는 것은, 헌법적 직접성이 존재하는 경우이다. 헌법적 생활에 직접적으로 관여하는 자들은 그들의 권리와 의무를 직접 헌법에 근거하여 주장하여야 한다.

공법의 중요한 하부 영역은 **형사법**인데, 이는 형벌규범인 실체적 형사법과 형벌 부과절차에 관한 형식적 형사법으로 구성되

---

13) 기본적 출처로는 *Wolff*, AöR 76 (1950), 205; BVerwG, NJW 2006, 2568; OVG NRW, NJW 1991, 61.

어 있다. 후자는 "응용된 헌법(angewandtes Verfassungsrecht)"14)이라
고도 불리운다.

　　일반 행정법, 경찰법과 같은 특별행정법 또한 공법에 속한다.

　　당사자 사이가 동등한지 또는 상하관계가 있는지15)의 기준이
나 국가적 또는 개인적 이해가 있는지16)에 따르는 전래적인 사법
과 공법의 구별들은, 주어진 법영역의 인식을 위해 그것 단독만으
로는 도그마틱적으로 충분하지 못하다. 말하자면 부모와 자녀간의
관계는 사법적 관계에 속하지만 상하관계이며, 행정절차법 제54
조~제62조에 따르는 공법적 계약은 동등한 질서를 전제로 한다.

　　이러한 **종속설과 이익설**은 의문이 있는 경우 **주체설**을 보충하
기 위하여 인용될 수 있다.17)

2. 공법의 사법에의 영향

　　유럽법 또한 공법에 속한다. **유럽법**은 유럽연합의 일차적 공
동체법과 이차적인 공동체법으로 구성된다.

　　1차적인 유럽법을 형성하는 것은 유럽연합조약(EUV), 유럽연
합의 운영에 관한 조약(AEUV) 및 유럽연합의 기본권헌장과 일반
법원칙들이다.

　　2차적인 유럽법은 AEUV 제288조에 의거한 의결, 권고, 입장표
명, 명령 및 유럽연합 각 기관의 지침들로 구성된다.

---

14) BVerfGE 32, 373, 383.

15) 종속론: RGZ 167, 281, 287; BGHZ 14, 222, 227; BSG, NJW 1990, 342 f.

16) 이익설, *Ulpian* (로마 법학자 및 정치학자 울피아누스/Domitius
　　Ulpianus, 170~223년), D. 1, 1, 1, 2 = Inst. 1, 1, 4: "publicum ius est
　　quod statum rei Romanae spectat, privatum quod ad singulorum
　　uitlitatem"(공법은 로마 공화국의 질서에 관한 것이고, 사법은 각 개인
　　의 이익에 관한 것이다): BVerfGE 58, 300, 344.

17) 참조 BVerwGE 71, 183 ff.

　여기서 **기관들**이라 함은 유럽의회, 유럽연합 이사회(정상회의), 유럽연합 각료이사회(회원국 각료회의), 유럽연합집행위원회, 유럽연합 사법재판소, 유럽중앙은행, 유럽회계감사원 등을 말한다.

　의결들은 모든 그의 구성부분들에게 구속적이다. 그것이 특정한 상대방을 향하고 있다면, 그것은 단지 그에게만 구속적이다.

　권고와 **입장표명**은 구속적이지는 않다.

　명령은 일반적 효력을 갖는다. 이는 그의 구성부분 모두에게 구속적이고, 모든 회원국에 직접 적용된다.

　지침은 그를 통하여 달성하여야 할 목적과 관련된 한도에서 그것이 향하는 모든 회원국에 대하여 구속력을 갖는다. 그러나 그 형식과 수단의 선택은 회원국의 기관에게 위임되어 있다.

　사법에 있어서 유럽연합 체제가 미치는 효력의 중점은 지금까지 노동법, 회사법, 보험법과 채권법에 두어져 왔다. 독일 사법에 영향을 미친 유럽연합 지침의 효력에 관련하여 가장 대표적인 예는 소비재구매지침[18], 지불지체지침[19] 그리고 전자상거래지침[20] 등인데, 그 계기는 SMG(채권법의 현대화 법률, Gesetz zur Modernisierung des Schuldrechts)를 통한 채권법의 현대화라는 커다란 방향전환과 2002.2.1. 민법전의 전면개정[21]이었다.

　독일 법영역에서 **기본권**은 3가지 법원(法源)을 통해 법전화되고 있는데, 말하자면 EU 기본권 헌장, 유럽인권법협약(EMRK) 그리

---

18) 1999.5.25. 유럽의회와 이사회의 소비재구매와 소비재의 특정 양상에 관한 지침인 RL 1999/44/EG, ABl. 1999 Nr. L 171, 1999.7.7. 12-16.

19) 2000.6.29. 유럽의회와 이사회의 상거래에 있어서 지불지체 대응에 관한 지침인 RL 2000/35/EG, ABl. Nr. L 200/35, 2000.8.8.

20) 2000.6.8. 유럽의회와 이사회의 내수시장에 있어서 정보회사 업무, 특히 전자상거래의 법적 측면에 관한 지침인 RL 2000/31/EG, ABl. Nr. 178/1, 2000.7.17.

21) BGBl Ⅰ 42.

고 독일연방공화국의 기본법이다.

유럽기본권헌장에서의 기본권은 동 헌장 제51조에 의하여 유럽연합기관의 법적 행위와 유럽연합법의 실현을 위한 회원국 행위에 관하여 전적으로 효력을 갖는다.

유럽인권법협약에서의 기본권은 독일 기본법 제59조 제2항에 따라 국내적 기본권 적용을 위한 해석의 도구로서 회원국인 독일에 직접적으로 적용되며, 유럽연합계약 제6조 제3항에 의한 일반적인 법원칙으로서 유럽연합 기관을 구속하는 유럽연합법에도 적용된다.

회원 국가들의 기본권은 단지 국내적 법적 행위에만 적용 가능하다. 그러나 적어도 유럽연합이 특히 유럽연합 사법재판소의 판례가 고권적 권력에 대해 기본권의 효과적 보호를 일반적으로 보장하는 한, 독일 기본법이 요청하는 기본권 보호와 본질적으로 동등하게 존중되어야 한다. 특히 기본권의 본질적 내용은 일반적으로 보장된다.[22]

기본권은 단지 국가와 시민과의 관계에 있어서만 **직접적인 효력**을 갖는다. 그러한 관계에 있어서 기본권은 독일 기본법 제2, 4, 8, 11조와 같은 **방어권**(소극적 지위 - 국가로부터의 자유), 독일기본법 제19조 제4항(조직과 절차를 통한 객관법적 기본권보호[23])과 같은 **급부·배분청구권**[24](적극적 지위 - 국가를 통한 자유), 그리고 독일기

---

22) BVerfGE 73, 339 - 2 BvR 197/83 - 1986.10.22. 판례 Ⅱ가 BVerfGE 102, 147의 바나나시장 판결을 통해 이어지는 한 - 2 BvL 1/97.

23) 절차: BVerfGE 53, 30 (소수의견 69, 72) = NJW 1980, 759 - Müllheim-Kärlich; 조직: BVerfGE 35, 79 = NJW 1973, 1176 - 대학 Ⅰ; BVerfGE 73, 118 = NJW 1987, 239 - 조직과 절차를 통한 무선통신의 자유.

24) BVerfGE 33, 303 = NJW 1972, 1561 - 인원제한제(Numerus Clausus) (급부권/배분권); BVerfGE 125, 175 = NJW 2010, 505 - Hartz Ⅳ (2010년 독일 하르츠위원회의 급부중심의 사회국가체계를 수정한다는

본법 제38조와 같은 **참정권**(능동적 지위 – 국가를 위한 자유)을 **주관적 권리로서의 효력**을 갖는다.25)

　기본권은 직접 사법관계에 적용되지는 않는다. 그러나 기본권은 사법관계에서 **간접적인 제3자효**(mittelbare Drittewirkung)를 갖는다. 독일 기본법의 기본권 목록은 헌법적 근본결정과 함께 **객관적 가치질서**를 형성하고 있으며, 사법질서에도 파급효를 미친다.26) 이러한 파급효가 인정되는 것은 민법전 제157조, 제242조에서의 신의성실 또는 민법전 제138조, 제826조에서의 공서양속 위반과 같은 넓게 열린 사법의 개념들이다. 더욱이 법률들은 헌법합치적이어야 하므로, 사법규범의 입법, 해석 및 적용도 헌법합치적으로 행하여져야 한다.27)

　국가는 또한 사인의 기본권이 다른 사인에 의하여 위협받을 때, 특정한 기본권을 보호하고 장려할 의무를 가진다.28) 국가가 그러한 **보호의무**(Schutzpflicht)를 어떠한 수단을 통하여 완수할 지의 의문에 답함에 있어서는 국가 스스로에게 광범위한 평가특권이 귀속된다. **과소보호금지원칙**(Untermaßverbot)29)은 적법한 부작위의 한계를 형성하는 바, 개인의 권리가 위태롭게 됨에도 불구하고 입법적 형성재량을 명백하게 미달하는 경우 과소보호금지의 원칙 위반의 문제가 발생한다. 일반적으로 적용되는 국가의 보호의무라

　　내용의 개혁안 중 4단계를 의미한다) (급부권).
25) 지위론은 *Jellinek*, System der subjektiv-öffentlichen Rechte에 의하여 창시되었다.
26) BVerfGE 7, 198 = NJW 1985, 257 - Lüth.
27) 긴급집회시의 헌법합치적 해석에 관하여는: BVerfGE 85, 69 = NJW 1992, 890.
28) 기본적인 것으로는: BVerfGE 39, 1 (소수의견 39, 71 f.) = NJW 1975, 573 - 낙태 Ⅰ.
29) BVerfGE 88, 203 = NJW 1993, 1751 - 낙태 Ⅱ.

는 법사상은 인간 존엄성과 관련된 독일 기본법 제1조 제1항 제2
문에 있어서와 혼인과 가족에 관한 독일 기본법 제6조 제1항에 있
어서 분명하게 공표된다.[30]

공법 및 사법상의 특정한 법제도를 그 본질의 존속·변경이나
나아가 폐지로부터 보호하는 것은 독일 기본법의 **객관법적 효력**
(objektiv – rechtliche Wirkungen)에 속한다. 공법적 제도에 관한 보장
은 **제도적 보장**(institutionelle Ganrantien)으로, 사법제도의 보장은 **제
도보장**(Institutsgarantien)이라고 불리운다. 독일 기본법 제7조의 학
교, 독일 기본법 제28조의 지방자치, 독일 기본법 제33조의 직업
공무원제가 제도적 보장이다. 독일 기본법 제14조의 소유권[31]과
상속권 및 독일 기본법 제6조의 혼인은 제도보장에 해당한다.

3. 일반사법 및 특별사법

일반사법(Das allgemeine Privatrecht)은 우선 민법전에서 찾을 수
있다. **민법**(Bürgerliches Recht)과 **시민법**(Zivilrecht)의 개념은 라틴어
의 ius civile에 그 기원을 두고 있으며, 오늘날은 단지 일반사법이
라고 칭한다.

상위개념인 "사법"은 추가적으로 예컨대 노동법, 상법, 경제
법, 무체재산법 등과 같은 **특별사법**(Die Sonderprivatrechte)도 포괄
한다. 고용인(雇傭人)의 법으로서 **노동법**은 민법전 제611조 – 630조
와 영업법 제106조, 제109조의 일반적 규율들 이외에도 예컨대 노
동시간법, 연방휴가법, 해고보호법, 모성보호법이나 사회법전 IX
에서 찾아볼 수 있다. 상인의 특별사법인 **상법**은 우선 상법전, 주

---

30) 보호의무에 관하여 상세한 것은: BVerfGE 46, 160 = NJW 1977, 2255
 – Schleyer; *Isensee*, Das Grundrecht auf Sicherheit (안전권).

31) 소유권의 제도보장에 관하여는: BVerfGE 58, 300 = NJW 1982, 745 –
 자갈채취.

식법과 유한회사법에서 찾아볼 수 있다. **무체재산법**(無體財産法)은 무체재산권에 관한 특별사법이며, 디자인법, 예술저작권법, 상표법, 특허법, 저작권법과 같은 법률들에서 법전화되어 있다. 사법적 **경제법**은 영업 경제에 관한 특별사법이며, 우선 경쟁제한방지법(Gesetz gegen Wettbewerbsbeschränkungen)과 부당경쟁방지법(Gesetz gegen den unlauteren Wettbewerb)에서 찾아 볼 수 있다.

III

경찰법과 사법의 관할

Ⅲ. 경찰법과 사법의 관할

1. 경찰법과 사법들

경찰은 공공의 안녕에 대한 위험을 방지할 임무를 가진다. 그러나 이것이 경찰이 공공의 안녕에 대한 모든 위험을 방지하여야한다는 것을 의미하지는 않는다. 경찰법에 규정된 사법조항(Privatrechtsklausel)[32]들은 법원에 의한 구제가 행해질 가능성이 없고 경찰이 개입하지 않으면 권리의 실현이 불가능하거나 현저히 곤란하게 될 위험이 있는 경우에만 경찰이 사적 권리의 보호를 담당한다는 것을 명확히 규정하고 있다.

사법조항들이 이러한 점을 명확하게 규정하고 있는 이유는 구성요건적 징표로서 **공공의 안녕**(öffentliche Sicherheit)이 경찰 관련 상황에서 사법적 문제들과 중첩될 수 있기 때문이다. 이는 공공의 안녕이 국가 기타 고권적 주체의 행사나 시설들 외에도 또한 다음의 것들을 그 내용으로 하는 것에 기인한다.

---

32) 말하자면 § 1 Ⅳ BPolG; 1 Ⅱ ME PolG; § 2 Ⅱ PolG BW; Art. 2 Ⅱ PAG; § 1 Ⅳ ASOG Berlin; § 1 Ⅱ BbgPolG; § 1 Ⅱ BremPolG; § 3 Ⅲ HbgSOG, 1 Ⅲ HSOG, § 1 Ⅲ SOG M−V, § 1 Ⅲ Nds. SOG; § 1 Ⅱ PolG NRW; § 1 Ⅲ POG RP; § 1 Ⅲ SPolG; § 2 Ⅱ SächsPolG; § 1 Ⅱ SOG LSA; § 162 Ⅱ LWwG SH; § 2 Ⅱ Thür−PAG.

1) 법질서의 불가침성(사법의 많은 부분 또한 여기서의 법질서에 속한다)
2) 생명, 건강, 자유, 명예, 재산과 같은 개인의 주관적 권리와 법익의 보호, 말하자면 사법적 권리과 법익들이다.

2. 사법조항에 대한 법도그마틱적 자리매김과 비판

경찰은 공공의 안녕 내지 질서에 대한 위험을 방지하고 범죄를 수사하는 것을 그의 직무로 한다.

시민은 원칙적으로 그의 사법적 권리과 법익을 스스로 형성하거나, 이를 추구하고 방어하며 실현시킬 수 있다. 시민에게 - 경우에 따라서는 실력행사를 통한 - 권리관철을 위하여 법률에 의해 인정되는 민법전 제229조에 따른 자력구제나 민법전 제227조에 따른 정당방위와 같은 사법적 정당화 사유가 있는 경우에는, 경찰은 국가적 권력독점의 주체로서 자력적 권리실현이 초래하는 위험을 방지하기 위해 시민을 돕는 일을 담당할 수 있다.[33] 그렇지 않은 경우에는 민사소송법과 같은 특별한 법률로 나타나는 국가적 권한규정이, 분쟁이 있는 사법적 사실관계의 최종적 결정과 집행권을 일반 민사법원과 노동법원 및 그의 집행기관에 종국적으로 귀속시킨다.

경찰은 사법적인 법률상담이나 법률쟁송을 그의 임무로 하지는 않는다. 입법자에 의하여 만들어진 사법적 구제는 경찰의 관여 없이 시민에 의하여 진행되어야 한다. 사법적 구제에는 행정청이 직권으로 사실관계를 조사하고 참가자의 증거제시와 증명신청에 구속되지 않는 행정절차법 제24조의 직권조사원칙이 적용되는 것이 아니라, 처분권주의와 변론주의가 적용된다.

---

33) *Schenke*, Polizei-und Ordnungsrecht, § 3, Rdnr. 54.

　　처분권주의(Dispositionsmaxime)는 당사자들이 절차의 주도권자로서 원칙적으로 신청, 소송제기, 소변경, 소취하, 상소, (소의 종료) 의사표시에 의하여 소송물을 특정하거나 처분할 수 있다는 것을 의미한다. 민사소송법 제308조 이하, 제528조, 제557조로부터 예컨대 법원이 당사자들이 신청한 것과 달리, 신청한 범위를 넘어서서 판단하여서는 아니된다(ne eat iudex ultra petita partium[34])는 원칙이 도출된다.

　　처분권주의는, 독일 헌법 제2조 제1항에도 포함되어 있는 실체법상의 **사적 자치**에 대응하는 절차법적 대응짝을 이루는 것으로, 각 개인은 원칙적으로 그의 생활관계를 법적 행위를 통해 자유롭게 형성할 수 있다는 것을 의미한다.

　　변론주의(Verhandlungsmaxime)는 당사자들이 법정에서의 진술을 통해 어떠한 사실이 변론될 것인지를 결정하고[35], 민사소송법 제138조 제3항과 제288조에 의하여 양 당사자가 진술하거나 인정한 사실이 소위 형식적 진실로서 고려되어야 한다는 것, 그리고 증거제시와 법원의 증거조사가 원칙적으로 일방 당사자의 신청에 근거해서만 이루어진다는 것을 의미한다.[36]

　　경찰법들은 사법조항을 통하여, 사권의 보호가 경찰에게 의무 지워지는 것은 법원의 보호가 적시에 행해질 수 없고, 경찰의 도움없이는 권리의 실현이 불가능하거나 현저하게 곤란하게 되는 경우에 한한다는 것을 규정하고 있다.

　　경찰의 관할 그리고 그에 따른 사법적 개입과 관련한 권한을 근본적으로 이해하기 위하여는 임무할당적 사법조항과 임무수정적 사법조항의 공통점 및 구별점을 잘 알아야 한다.

---

34) 라틴어 : 판사는 당사자가 청구한 범위를 넘어서는 안 된다.
35) BVerfG, NJW 1995, 40.
36) BVerfG, NJW 1994, 1210.

공공의 안녕과 사권에 대한 정의는 양 개념의 내용적 동일성
을 암시한다. 우선 사권이 개별적 권리와 법질서 속에서 광범위하
게 부상하는 것을 볼 수 있다. 이에 따라 사법조항이 불필요할 정
도로 많이 나타났지만, 그것들은 이미 인정되어 있던 것을 명확하
게 하는 것에 그칠 뿐이다.

사법조항이 이러한 명확화 기능을 넘어서 독자적인 의미를
갖게 되는 것은, 사법조항을 임무제한[37]이나 임무확대[38]로서 파
악하거나 또는 개인적 권리와 법질서라는 요소들 속에서 공공의
안녕 개념의 내용이 축소된 것으로서 파악하는 경우에만 그러할
것이다.[39] 바로 전 언급된 설명에서 공공의 안녕의 구성요소인 법
질서에 속하는 개별적 권리는 단지 주관적 공권이다. 주관적 공권
은 특정한 공행정작용을 규율하고 단지 공익만을 위한 법규범으
로부터 나오는 것이 아니라, 시민 개인의 이익을 보호하는 것을
그 목적으로 하는 법규범으로부터 나온다.[40] 시민은 규범을 통한
반사적 이익만을 요구함에 그치지 않고, 규범적용에 대한 자기 자
신의 주관적 청구권을 갖는다.

따라서 현행법에서(de lege lata[41]) 사법조항이 독자적 의미를
가질 수 있는 것은, 사권이 주관적 공권을 내용으로 하는 공법적
규정을 통해 보호되지 않는 경우이다.

경찰법적 사법조항의 도그마틱적 자리매김과는 독립적으로,

---

37) *Möller/Wilhelm*, allgemeines Polizei- und Ordnungsrecht, Rdnr. 81
   f.; *Pieroth/Schlink/Kniesel*, Polizei- und Ordnungsrecht, § 5 Rdnr. 42;
   Tetsch/Baldarelli, Polizeigesetz des Landes NRW - Kommentar, § 1,
   Nr. 3, 10.

38) Knemeyer, Polizei- und Ordnungsrecht, Rdnr. 135: "Aufgabenerweiterung".

39) *Gusy,* Polizeirecht, § 3, Rdnr. 90 f.; *Tegtmeyer/Vahle*, Polizeigesetz
   NRW - Kommentar, § 1, Rdnr. 30.

40) 보호규범론 : BVerwGE 78, 40.

41) 라틴어: 현행법에 따라.

경찰은 주거침입이나 절도와 같은 시민의 권리와 법익에 해를 주
는 범죄행위에 있어서 경찰법 제1조 제1항에 따라 개입할 권한을
갖게 되는 경우가 있다. 시민이 예컨대 형사소송법 제163조 제1항
제1문에 따른 법정주의 또는 압류의 의무를 규정하고 있는 압류규
정으로부터 그에 상응하는 조치를 수반하여 개입해 줄 것을 청구
할 권리를 갖는 경우가 그러하다. 이 경우 항상 구체적인 조치가
기준이 된다. 따라서 예컨대 주거침입을 종료시키는 강제퇴거 조
치에 관한 권한은 경찰법 제1조 제1항의 일반적인 위험방지임무
로부터 바로 나온다. 이에 반하여 범죄행위로부터 발생한 청구권
의 사법적인 실현을 위해, 피해자에게 범죄행위자의 개인정보를
전달할 권한은 사법조항과 함께 검토되어져야 한다.

　(경찰의 개입에 관한) 입법론으로는(de lege ferenda[42]) 이를 법질
서의 논리적 통일성에 맡겨두고, 경찰 직무를 규정한 경찰법의 첫
조문으로부터 도출된다는 정도로 해두는 것이 더 좋을 듯하다.[43]
그러면 시민의 모든 권리와 법익에 대한 위험방지 권한이 자연스
럽게 일반적인 위험방지임무로부터 나오게 되고, 그러한 위험방지
권한은 경찰법상 긴급관할 규율을 내용으로 하는 보충성조항을
통해 제한을 받게 된다. 긴급관할 규율을 규정하고 있는 보충성조
항은 다른 행정청의 위험방지 관할에 속하는 사안에 관하여는 다
른 행정청의 행위를 통한 위험방지가 가능하지 않거나 적시에 가
능하지 않는 경우에만 경찰이 자신의 책임으로 활동하여야 한다
는 것을 의미한다. 私法的 구제를 위한 司法관청인 민사법원도 여
기서의 다른 행정청이 될 수 있다. 이처럼 법논리적으로 해석하면

42) 라틴어: 입법론에 따르면.
43) 이에 관하여는 또한 Bürgerschafts – Drucksache 13/5422, 1990.1.30.
　　zum HbgSOG(함부르크 공공안녕과 질서유지법에 관하여), S. 21을 참
　　고할 것. 이 문헌에서 사권의 보호는 전형적인 집행(일반)경찰의 임무
　　로서 칭하여진다.

법률 자구를 절약하고, 법률에서 특별한 규율을 하지 않고도 경찰의 사권에 대한 개입의 공백을 자연스럽게 최소화하게 될 것이다. 현재까지는 법집행에 있어서 (별도의) 사법조항이 (경찰) 임무와의 갈등을 푸는 데 기여한 바 없었고, 오히려 경찰관과 사법적 소재들과의 거리감만 심화시켰다. 케이스별로 나누어 볼 수록 더 많은 사례들에 잘 대응할 수 있을 것이라는 생각은 환상에 불과하다. 오늘날 입법자들은 법률 제정을 통하여 성급히 추정적으로 대응하고 있는바, 이는 새로운 의문을 야기할 뿐이다. 가능한 경우라면 차라리 입법자는 아무런 법률도 제정하지 않아야 한다.

3. 관할의 차원

만일 사법적으로 특징지워진 사실관계가 존재한다면, 경찰은 언제 그리고 무엇에 관하여 책임이 있는가? 관할의 문제를 체크하는 것이 이러한 물음에 답하는 것이 된다.

3.1 1차적 관할

경찰은 본래 **범죄예방**, 말하자면 범죄행위와 질서위반행위에 대한 저지와 차단에 관하여 책임이 있다.

이것은 동일한 조치의 대상이 되는 사실관계에 공법적 형벌규정과 과태료 규정 그리고 사법규범이 동시에 적용된다면, 경찰은 이미 1차적으로 범죄예방적 조치 차원에서 책임이 있다는 것을 의미한다.

범죄예방에 관한 조치가 취해지면, 이러한 조치는 동시에 반사적으로 사권을 보호할 수 있는 것이다.

그렇지만 이로 인하여 경찰의 1차적 관할은 아무런 영향을 받지 않으며, 사법조항에서의 임무제한은 중요하지 않다. 예: 사인의 가택권은 형법전 제123조를 통해, 같은 차원에서 민법전 제

1601조의 친척에 의한 부양청구권은 형법전 제170조를 통해서, 소음에 대한 민법전 제906조와 제1004조의 이웃간 사적 예방청구권은 각 주의 환경보호법률 규정을 통해서, 그리고 민법전 제562조 임대인의 담보물권은 형법전 제289조를 통해서 보호되기는 한다.

만일 주거침입에 있어 가택권자가 경찰을 부른다면, 경찰은 강제퇴거와 같은 조치를 1차적 관할권에 근거하여 행할 수 있는데, 이는 경찰이 주거침입과 같은 범죄행위가 계속되는 것을 저지하기 위하여 개입하기 때문이다. 이러한 경우에 경찰은 당연히 주거침입자에 대한 가택권자의 사법적 청구권 또한 장해제거를 통하여 관철하게 된다. 왜냐하면 퇴거조치는 일차적으로는 범죄행위를 저지하는 것에 기여하지만, 장해의 제거에도 기여하기 때문이다. 말하자면 사권이 범죄예방에 관한 개입을 통하여 이미 보호되는 한, 사법조항은 의미를 잃게 된다.

3.2 2차적 관할

특별질서행정청으로서 범죄예방을 위한 1차적 관할권을 갖는 것 외에, 경찰은 원래 관할권을 갖고 있는 다른 행정청에 의하여 위험이 방지될 수 없는 경우에는 다른 모든 위험의 방지에 대하여 보충적으로 관할권을 갖는다.

이러한 **긴급관할**(Eilfallzuständigkeit)은 이미 경찰법률에서 규율되고 있다. 이 경우 첫 번째 관할 체크의 경우와 동일한 원칙이 적용된다. 경찰은 긴급관할에 따른 조치를 통하여 동시에 사권을 보호할 수 있다. 이처럼 사권보호가 이미 긴급한 조치를 통하여 행해지고 있는 한, 그러한 한도에서 사법조항은 의미를 갖지 못한다.

3.3 3차적 관할

범죄예방 또는 일반적인 위험방지에 관하여 경찰이 관할권을 갖지 못하고, 장해 및 장해의 제거를 위한 경찰의 조치가 전적으로 사권과 관련있는 경우에 경찰법의 사법조항이 비로소 그 의미를 갖는다.

4. 경찰에 의한 사권 보호의 범위

경찰법은 위험방지법으로서 특별행정법이다. 사법적 사례에 있어 적법한 경찰작용을 지배하는 기본사상은, 긴급사안에 적용되는 기타 일반행정법적 권리구제절차로부터 도출될 수 있다.

사법적 사례에 있어서 경찰명령은 명령청구권과 명령근거의 실제적인 전제조건들이 소명되었을 때 정당화되는데, 이와 관련하여서는 민사소송법 제920조 제2항과 연동된 행정소송법 제123조 제3항이 참조될 수 있다.

여기서 **명령청구권**은 일방 당사자에 의하여 주장되어야 할 주관적 권리를 의미하며, **명령근거**는 요구되는 조치의 절박성과 긴급필요성,[44] 즉 본안절차의 진행을 기다리는 것이 불가능하고, 경찰의 조력을 포기할 수도 없다는 것을 의미한다.

명령청구권과 명령근거의 소명은 완전한 증명의 제시를 요구하지는 않으며, 단지 그 개연성이 유력하다는 것에 대한 설명을 요구할 뿐이다.[45]

경찰은 단지 사인의 현재 상태를 보전하거나(행정소송법 제123조 제1항 제1문 참조), 현재 상태에 관한 사인의 권리영역을 변경하는 규율조치(행정소송법 제123조 제1항 제2문 참조)와 같은 잠정적 조치만을 취할 수 있다.

경찰이 잠정적으로 대처하게 되는 사법적 사례들에 있어서, 경찰개입이 필수불가결한 것인지, 또한 그것이 긍정되는 경우 어

---

44) 참고로 *Kopp/Schenke*, VwGO, § 123, Rdnr. 6 및 25.

45) *Kopp/Schenke*, VwGO, § 123, Rdnr. 23

떤 조치들이 적절한지를 심사함에 있어서는 − 일반행정법상 긴급한 상황에서의 심사의 경우에 준하여 − (청구권의 유무에 대한) 간이심사와 (개입) 결과에 대한 형량이 필요하다. 우선 간이심사에서는 청구권이 명백하게 이유가 있는지 아니면 이유가 없는지 여부에 대하여 개괄적으로 판단되어야 한다. 청구권이 명백하게 이유가 있지도 않고 또 이유가 없지도 않다면, 주장된 청구권을 보호하기 위하여 경찰권이 발동되지 않았지만 청구권이 사후 본안절차에서 받아들여졌을 때의 불이익과 요구되어진 경찰조치들이 발령되었으나 청구권이 사후 본안절차에서 받아들여지지 않은 경우 발생할 결과가 형량되어야 한다.

법실무에 있어서 경찰이 사권보호를 위하여 무엇을, 그리고 언제부터 개입할 수 있는지의 문제에 관하여는 행정법적 원칙들로부터 다음의 정의가 도출될 수 있다.

경찰을 통한 사권의 보호는 사인의 뜻에 따라 그의 권리영역을 필수적으로 확보하거나 규율하는 것을 의미하는데, 이로써 사인은 소명된 그의 권리를 권리상실이나 증거상실 없이 그에 관하여 법이 규정하고 있는 권리구제수단을 통해 관철할 수 있다.

4.1 사인의 보호의사

사권에 대한 경찰보호를 위해서는 사인의 의사가 존재하거나 추정되어야 한다. 신청이 실제로 있었는지를 기준으로 삼는 것은[46] 경찰보호에 대한 사인의 의사가 주변 사정에 근거하여 추정될 수 있음에도 불구하고, 사인이 그의 객관적인 이익을 좇아 경찰에 대하여 (의사를) 표현할 수 없는 모든 사례들에 있어서 경찰이 개입할 수 없게 만든다. 경찰에 의한 사권보호의 전제로서 단

---

46) 입법자적 예외로서 여전히 남아 있는 것으로: § 2 Ⅱ PolG BW 그리고 § 2 Ⅱ SächsPolG.

지 표현된 권리소유자의 신청만을 인정하고, 그에 대응하는 정보
의 흠결을 이유로 사인의 객관적 이익을 암시하는 다른 모든 상황
과 사인의 보호의사를 추정하지 않게 되면, (사적) 권리실현은 곤
란해지거나 불가능해질 것이 명백하다. 원칙적으로 모든 긴급한
권리구제절차에서와 같이 보호의사와 보호필요성의 명확성을 위
하여 신청이 요구된다. 그러나 명백하고 과도하게 사권이 위협을
받는 경우조차도 경찰에 의한 긴급한 권리구제가 거절되어야 한
다는 의미로 해석될만큼 신청요구가 경찰개입의 불가결한 조건
(conditio sine qua non)이 되어서는 안된다.[47]

> **Tip** > 일방 당사자는 문제를 의식하지 못하고 있거나 또는 단순히 다른
> 곳에 있어서 연락될 수 없는 반면, 중요한 가치를 지닌 분쟁사안을
> 타방 당사자가 주장하지만 그 주장이 의심스러운 경우

4.2 보전조치 또는 규율의 필수성

사적 권리영역의 안전확보 내지 규율은 단지 필요한 경우에
만, 즉 비례의 원칙이 충족되는 범위내에서만 행해져야 한다. 같
은 결과를 유사한 비용을 들여 도출할 수 있는 보다 경미한 수단
이 없는 경우에, 어떤 조치가 **필요하다**라고 할 수 있다.[48] 비례의
원칙에 따른 결과형량의 요청에 따를 때, 행정법상의 긴급권리구
제에서는 본안 선취 내지 나아가 본안보다 더 많은 인용은 원칙적
으로 금지된다. 본안 선취가 원칙적으로 금지된다는 원칙에 따를
때, 기타 긴급 권리구제절차의 경우와 마찬가지로 경찰조치들은
주장된 청구권의 완전한 만족으로 이어져서는 안된다.[49]

---

47) 연방헌법재판소도 이미 직권으로 가명령을 발하였다: 예컨대 참고로
    BVerfGE 1, 74 f.; 46, 337 f.
48) BVerfGE 92, 262, 273.
49) *Kopp/Schenke*, VwGO, § 123, Rdnr. 13 ff.

> **Tip** > 분쟁의 대상이 되고 있는 물건을 분쟁당사자 중 어느 한명에게 인
> 도해 주지 않고, 의문이 있을 경우 현재상태의 확보를 위하여 물건
> 을 압류하는 것

　잠정적인 선취(vorläufige Vorwegnahme)는 그것이 행해지지 않으
면 효과적인 권리구제가 사실상 불가능해지는 경우에만 예외적으
로 허용된다.[50] 잠정적 선취는 사실상 또는 법적으로 다시 취소될
수 있는 선취이다. 종국적인 본안의 선취는 사실상 또는 법적으로
다시 취소되어야 할 선취가 아니다. 보전 내지 규율이 필요한 정도
를 검토함에 있어서도, 예외적으로 종국적인 본안 선취의 필요성
을 도출할 수 있는 간이심사와 결과형량이 행해져야 한다.

> **Tip** > 두 당사자들이 그들이 분쟁의 대상이 되는 물건을 당장 처분할 수
> 없으면 법원의 권리구제를 획득하기에 앞서 상당한 손해를 감수해
> 야 한다고 진술한다. 간이심사와 결과형량에 따라 사법상의 청구권
> 과 사권의 근거를 물건의 교부에 필요한 정도로 소명할 수 있었던
> 두 당사자 중 한 명에게 물건을 교부한다.

4.3 권리의 소명

　신청인에게 적어도 권리가 귀속될 가능성이 있어야 한다. 이
권리는 청구인에 의해 소명되어야 한다. 고찰방식에 따라 권리가
배제되어서는 아니된다.

> **Tip** > 소명은 구두적인 논리정연한 진술로, 계약서나 영수증과 같은 문서
> 제출로, 또는 증인과의 동행 등을 통하여 행해진다.

　권리가 간이심사에 따를 때 언제 소명되어야 하는지, 어느 한
쪽 당사자에게 유리하다는 것이 분명히 증명되지 않고, 중요하지
도 않은 경우(non liquet[51])에는 어떻게 결정되어야 하는지라는 문

---

50) *Kopp/Schenke*, VwGO, § 123, Rdnr. 14.

51) 라틴어 : 분명하지 않다.

제에 관하여는 다음과 같은 원칙이 적용된다.

간이심사를 하는 국가의 입장은 사고와 경험법칙에 기초한다. 사고와 경험의 법칙은 불문의 법규범과 유사하다.[52]

원칙적으로 모든 당사자는 자기에게 유리한 법규범의 실제적 전제조건들을 증명할 책임을 갖는다.[53]

법률적 추정(gesetzliche Vermutungen)에 있어서는[54] 추정으로 유리해지는 당사자는 추정이 어디까지 미치는지에 관한 증명책임에서 자유로워지고, 다른 당사자가 그러한 추정을 반박할 책임을 부담하게 된다.

생활경험에 비추어 특정한 원인이나 특정하고 전형적인 사건 경과를 가리키는 사실관계에 있어서 사실상의 추정은 사실관계가 통상적이거나 일상적인 특징을 제시하는 경우(소위 **표현증명**, Anscheinsbeweis), 이러한 원인이나 경과가 증명된 것으로서 간주되어야 한다는 것을 의미한다.[55] 표현증명은 확실한 결과로부터 특정한 원인을, 확실한 원인으로부터 특정한 결과를 추론하는 것을 가능하게 해준다.

> **Tip** > 일상적인 충돌사고의 경우, 충돌자의 잘못된 행동이 충돌사고에 관한 본질적인 원인이었다는 사실상 추정이 존재한다.

표현증명이 특정한 생활상황에서의 개별적인 인간행동에 모두 적용될 수는 없다. 왜냐하면 이러한 행동은 일반적인 경험법칙들에 편입되지 않기 때문이다.[56]

---

52) 참고로 BGHSt 6, 72.

53) BGH, NJW 2004, 3623.

54) 예를 들어, 민법전 제1006조에서 나오는 점유자에 관한 소유권 추정(일반적으로는 점유는 사실상의, 소유는 법적인 지배권이다: 양 지배권은 서로 무너질 수 있다).

55) BGH, NJW 2005, 2395 ff.; Nagel, NJW 2013, 193, 196.

56) BGH, NJW 2002, 1643, 1645.

Tip > 한 인간이 그의 생애 대부분의 시간 동안 매우 인색했다는 것으로부터, "어떤 특정한 분쟁 상황에서 그 사람이 선물했을 리가 없다"라는 어떠한 사실상의 추정도 나오지는 않는다.

표현증명에 대한 반박은 타방 당사자가 사건의 경과가 추정된 것과 달리 진행되었을 가능성을 제시하거나, 증명하는 것으로 충분하다.[57]

어떤 권리가 일단 발생된 후 그 사실과 다른 점이 없었다는 것이 증명되기만 하면, 일단 발생한 권리의 존속에 관한 사실상의 추정이 가능하다.[58]

Tip > 일방 당사자가 일단 당해 물건의 소유자였다는 것이 분명하게 증명된다고 해도, 그 이후에 당해 물건과 관련한 더 다른 분쟁은 그 당사자에게도 타방 당사자에게도 증명되어 있지 않은 것이다.

4.4 권리상실과 증거상실 방지를 위한 보전

권리상실과 증거상실 방지를 위한 보전은 실체적 관점은 물론 절차적 관점에서도 사권의 보호라고 불리운다.

Tip > 사권의 보호를 위하여는, 일방 당사자에게 물건을 인도하거나 보전하는 것과 같은 사실상의 보전조치가 필요할 뿐만 아니라, 분쟁 상황에서 확인된 사정들을 법원이 이용할 수 있도록 하기 위한 보고서와 사진촬영과 같은 경찰의 문서작성이 필요할 수도 있다. 사인은 이러한 문서화를 통하여 잠정적으로 확보된 자신의 권리를 절차상으로도 장기적으로 관철할 수 있다.

4.5 규정된 법적 구제기관

규정된 법적 구제기관은 경찰이 아니라 법원과 그의 집행기관이다.

---

57) BGH, NJW 2001, 2110 ff.
58) BGH, FamRZ 1976, 81.

경찰은 사권보호의 모든 범위에 걸쳐 다음과 같은 경우에는 권한이 없다.
- 종국적인 법적 자문이나 법적 만족
- 민법적 분쟁에 대한 종국적 결정
- 강제집행을 통한 사권의 관철

이에 관하여 규정된 법적 구제기관은 민사법원과 그의 집행기관이다. 경찰이 이러한 準사법적 권한을 행사하면 안된다는 것은, 이미 독일 기본법 제20조 제3항의 권력분립원칙으로부터 나오는 것이다.

IV

절차법

Ⅳ. 절차법

1. 사법권에 관하여

司法權은 법관들에게 맡겨져 있다. 이는 연방헌법재판소와 기본법에서 규정된 연방법원들 및 각 주의 법원들을 통해 행사된다(독일 기본법 제92조).

독일 기본법 제97조 제1항과 제20조 제2항에 따르면, 법관은 독립적이며, 단지 법과 법률에만 구속된다. **법과 법률에 구속된다**는 것은 법관은 총체적인 합헌적 법질서에만 따르고 자기 마음대로, 독단적으로 또는 자의적으로 직권을 행사해서는 안된다는 것을 의미한다.

법관이 현재의 법적 분쟁에 있어 위헌인, 그러나 법적 분쟁을 해결함에 있어 중요한 법규범을 적용하지 않을 유일한 가능성은 독일 기본법 제100조와 연방헌법재판소법 제80조에 따라 규범배척권한을 가진 연방헌법재판소에 **구체적 규범통제절차**에 관한 신청을 하는 경우이다.

법원 판결의 효력은 법원절차의 당사자들에게만 미치며, 법률과 같이 모든 권리주체들을 구속하지는 않는다. 즉 법원 결정들은 법률처럼 모두에게가(inter omnes[59]) 아니라, 단지 당사자간에서만

(inter partes[60])) 작용한다.

연방헌법재판소법 제31조에 따를 때, **법원결정의 상대적 효력의 예외**는 연방헌법재판소에 있어서만 가능하다. 연방헌법재판소의 결정은 연방과 각 주들의 헌법기관 및 모든 법원과 행정청을 구속한다. 연방헌법재판소법 제13조 제6호, 제6호a(추상적 규범통제), 제11호(구체적 규범통제), 동조 제12호(규범확인 = 역주: 국제법의 국내적 효력확인), 그리고 제14호(규범자격부여 = 역주: 연방법으로서 효력지속 확인)의 경우들에 있어서 연방헌법재판소의 결정은 법률의 효력을 갖는다. 이 같은 내용은 동법 제8호a(헌법소원)의 경우에 연방헌법재판소가 어떤 법률을 독일 기본법과 합치한다 또는 합치하지 않는다라고 결정하거나 또는 무효라고 선언하는 경우에도 적용된다. 어떤 법률이 독일 기본법 또는 기타 연방법과 합치한다 또는 합치하지 않는다고 결정되거나 무효로서 선언되었다면, 그 결정의 주문은 연방법무부를 통하여 연방법률관보에 공포된다. 이는 연방헌법재판소법 제13조 제12호와 제14호에 따른 결정의 형식을 취하는 경우에도 적용된다.

2. 재판권

독일 기본법 제95조에 따르면 독일에는 **5개의 재판권**이 존재한다.

  1) 통상재판권(민사재판권과 형사재판권)
  2) 일반행정재판권
  3) 재정재판권
  4) 노동재판권

---

59) 라틴어: 모두 사이에서, 모두에게.
60) 라틴어: 당사자 사이에서. 여기서 당사자란 구체적인 법적 사안의 당사자를 말한다.

5) 사회재판권

통상재판권은 구법원(區法院, AG), 지방법원(LG), 상급지방법원 (OLG), 그리고 연방최고법원(BGH, 통상 재판권의 영역에 관하여 가장 높은 연방법원)을 통하여 행사된다(법원조직법 제12조).

통상법원의 관할에 속하는 것은 행정청이나 행정법원에 관할권이 인정되지 않는 민법적 분쟁들, 가사사건, 비송사건(민사사건) 및 형사사건 또는 연방법 규정에 근거하여 특별법원이 구성 또는 허용되는 경우이다(법원조직법 제13조).

민사 및 형사법원을 통상법원이라고 부르게 된 것은 과거 재정법원과 행정법원이 여전히 행정으로부터 독자적이지 못한 조직을 형성하고 있었던 것에 반하여, 이들 양자는 1877년 법원조직법과 함께 도입되면서부터 이미 권력분립원칙이라는 의미에서의 독립적 법원이었던 것에서 그 유래를 찾을 수 있다.

헌법적 분쟁이 아닌 모든 공법적 분쟁은 그것이 연방법률을 통하여 다른 법원에 명백하게 귀속되지 않는 한, 행정법원(VG), 상급행정법원(OVG/VGH), 연방행정법원(BVerwG) 등으로 이루어진 **행정법원의 관할**에 속한다(행정법원법 제40조 제1항 제1문).

재정법원(FG)과 연방재정법원(BFH) 등을 통한 **재정재판권**은 재정법원법 제33조가 정하는 특정 재정업무에 관한 비헌법적 유형의 모든 공법적 분쟁들에 주어진다.

노동법원(AG), 지방노동법원(LAG) 및 연방노동법원(BAG) 등을 통한 **노동재판권**은 노동법원법 제2조 및 제2조의a 의미의 고용주와 피고용인 간의 특정한 법적 분쟁에 관하여 관할책임이 있다.

사회법원(SG), 지방사회법원(LSG) 및 연방사회법원(BSG) 등을 통한 **사회재판권**은 사회법원법 제51조가 정하는 비헌법적 유형의 모든 공법적 분쟁에 대하여 특정한 사회법적 절차에 의해 행사된다.

3. 소송법들

모든 재판권은 법률에서 정한 고유의 소송법을 갖는다.

1) 민사재판권: 민사소송법(ZPO)

형사재판권: 형사소송법(StPO)

2) 일반 행정재판권: 행정법원법(VwGO)

3) 재정재판권: 재정법원법(FGO)

4) 노동재판권: 노동법원법(ArbGG)

5) 사회재판권: 사회법원법(SGG)

민사소송법, 형사소송법, 법원조직법과 파산법(Konkursordnung, 1999.1.1.부터 도산법(InsO)으로 대체) 등이 소위 1877년의 제국사법(司法)법률로서 1879.1.1. 발효되면서 프로이센식, 프랑스식 및 (프로이센 내 3개의 법권역에 대한) 공동의 소송법으로 분산되어 있던 상황을 종료시켰다.

민사소송법은 민사절차를 다음과 같이 구분하고 있다.

1~7편: 법적 분쟁에 대한 법원의 심사와 결정을 위한 판결절차

8편: 확인되었고 집행권원(=채무명의, 집행인정문서)에서 확정된 청구권을 국가의 집행기관을 통하여 강제적으로 관철하기 위한 강제집행절차

부동산(토지)의 강제경매와 강제관리는 민사소송법 제869조에 따라 강제경매 및 강제관리법을 통해 규율된다.

법률관계의 잠정(임시)적 확보 또는 규율을 위한 (집행에 관한 특별규율을 가진) 긴급절차(임시재판절차)로서 민사소송법 제916조-제945조에 따른 가압류절차와 가처분절차

4. 증명수단

증명의 유형에는 엄격한 증명, 자유로운 증명 및 소명 등이 있다. 본안판결을 하기 위해 법관이 완전한 확신에 도달하기 위한 정식의 **엄격한 증명절차**(Strengbeweisverfahren)에는 5가지의 증명수단이 이용될 수 있다.

- 현장검증, 민사소송법 제371조 이하
- 증인, 민사소송법 제373조 이하
- 전문가 감정, 민사소송법 제402조 이하
- 문서, 민사소송법 제415조 이하
- 당사자신문, 민사소송법 제445조 이하

자유로운 증명(Freibeweis)은 법관이 완전한 확신에 도달하기 위한 엄격한 증명절차 외에서 행해질 수 있다.

- 당사자 동의가 있는 경우, 민사소송법 제284조
- 소송비용 보조절차에서, 민사소송법 제118조 제2항
- 구법원의 중재절차에 있어서, 민사소송법 제495조
- 소송요건의 확인에 관하여

다음과 같은 경우 법관의 개연성 판단에 이르기 위한 소명이 이루어질 수 있다.

- 가압류절차에서, 민사소송법 제920조 제2항
- 가처분의 경우에서, 민사소송법 제936조

5. 민법적 구제수단

경찰은 법적 자문을 그의 임무로 하지 않는다. 그럼에도 불구하고 사법과 관련된 상황에서 경찰이 자문과 도움을 구하는 시민에 대해 그의 권한행사를 부인하거나, 그의 권한과 다른 권한과의 한계를 짓거나, 아니면 경찰이 지금까지 행해온 사권 보호활동을

넘어서 더 상세한 법적 구제수단을 알려줄 수도 있다. 이를 위해서는 경찰에게 설명능력이 있어야 하고, 민법적 구제수단의 특성을 알아야 한다. 여기에 더하여 경찰에게 상황극복을 위하여 도움이 될 수 있는 것은, 사인이 처해있는 상황을 더 잘 평가할 수 있기 위하여 경찰이 민사절차법적 구제수단의 전체 윤곽을 파악하는 것이다. 민법전은 사법에서의 실체적 진실발견을 위한 기본토대를 확립한다. 민사소송법은 형식적 진실발견을 절차적 증명가능성 및 집행규율을 통해 규정한다.

5.1 구제수단의 개관

민법적 구제수단은 다단계로 구성되며, 다음과 같은 6가지 절차로 진행된다:

1) 지급명령절차
2) 가구제
3) 1심
4) 2심
5) 3심
6) 집행절차

5.2 조정기관과 조정절차

민사소송법 시행법률 제15조의a에 따르면 주 사법행정관청을 통해 설치되거나 승인된 조정기관에 의한 분쟁의 합의조정을 시도한 연후에야, 사법적 제소가 허용되도록 주법률을 규정할 수 있다. 조정기관에서의 분쟁조정은 750유로 이하의 금전이나 그 금전가치와 관련된 재산법적 분쟁, 상린권과 관련된 분쟁, 언론이나 방송을 통해 행해져서는 안되는 개인적 명예훼손에 관한 분쟁, 그리고 일반평등대우법에 따른 민법적 차별대우에 관한 분쟁에 있어서 이루어질 수 있다.

민사소송법 시행법률 제15조의a 제1항 제2문에 따라 원고는 소송과 관련된 합의시도가 성과없었음에 관하여 조정기관이 발급한 증명서를 제출하여야 한다. 3개월의 기한 내에 원고가 신청한 합의절차가 수행되지 않은 경우에도, 이 증명서는 신청에 기해 원고에게 발급되어야 한다.

민사소송법 시행법률 제15조의a 제2항에 따르면, 변경판결, 추가청구판결, 외국판결의 승인에 관한 판결, 민사소송법 8편에 따른 집행법적 조치들, 증서소송과 어음소송에 있어서의 청구권 관련된 소송 등의 경우는 조정절차로부터 제외된다.

지급명령절차에서 주장되고 있는 청구권에도 조정기관에서의 분쟁조정이 적용되지 않는다.

5.3 지급명령절차

지급명령절차(Mahnverfahren)는 민사소송법 제688조 이하에서 규율되고 있다. 민사소송법 제688조 제1항에 따르면 **지급명령절차의 대상**은 유로화로 표시된 특정 금액의 지불청구권이어야 한다. 지급명령신청은 민사소송법 제688조 제2항 제2호에 따를 때 독립한 금전청구권일 경우에만 허용된다. 여기서 독립한 청구권이 의미하는 바는 금전채권이 더 이상 반대급부에 종속되지 않는다는 것이다.

> **Tip** ▷ 매수인은 매매대금채권에 대해, 상품을 수령한 이후에야 비로소 지불의무가 있다고 항변한다.

사물관할은 구법원에 있다(민사소송법 제689조 제1항 제1문).; 노동법에서는 노동법원에 있다(노동법원법 제46조 제2항). 지급명령절차에 관한 **기능적 관할**은 사법보조관법 제20조 제1호에 따라 사법보조관에게 있다. **토지관할**은 신청자의 일반적인 재판관할지에 따라 정해진다. 일반적인 재판관할적은 민사소송법 제12조－제19조의a에서 규율되고 있다. 가장 중요한 것은 신청자의 민법전 제7조상의 주소지이고, 지방자치단체·회사·법인·기타 단체와 같은 경우에는 그 주된 소재지이다. 모든 주정부에게 민사소송법 제689조 제3항에 의한 수권이 이루어져, 현재 지급명령 절차는 각 주의 중앙 지급명령법원에서 기계적으로 수행되고 있다. 노르트라인－베스트팔렌 주는 2개의 중앙 지급명령법원을 갖고 있다. 쾰른 상급지방법원의 관할구역을 위한 에우스키르헨 구법원 및 함과 뒤셀도르프 상급지방법원 관할구역을 위한 하겐 구법원, 주들의 경계를 넘어서는 경우에는 함부르크시와 멕클렌부르크－포어폼머른 주에 대하여는 함부르크 구법원, 작센주·젝센안할트주 및 튀링엔 주에 대하여는 아쉐르스레벤 구법원이 중앙 지급명령법원으로서 관할권을 갖는다.

중앙 지급명령법원의 토지관할은 어떤 상급지방법원의 관할구역안에 신청인이 그의 거주지역을, 그리고 단체가 그의 주된 소재지를 갖는지에 따라 결정된다. 노동법원의 사물관할에 있어서는 분쟁절차가 진행되어야 할 곳에 대한 토지관할을 갖는 노동법원이 관할권을 갖는다. 주택보조금 청구권이나 공동주택 수선충당금 청구권 그리고 소유주택시설에 관한 특별분담금 절차에 있어서 관할권은 소유주택시설에 따라 정해진다(주택재산법(WEG) 제46조의a). 신청인이 국내에 아무런 일반적인 재판관할지도 가지지 않는다면, 베를린에 있는 베딩 구법원이 그에 대한 전속관할권을 갖는다(민사소송법 제689조 제2항 제2문). 피신청인이 국내에 아무런 일반적인 재판관할지를 갖지 않는다면, 수소법원이 관할권을 갖는다(민사소송법 제703조의d). 수소법원이란 소송절차에 대하여 피신청인이 이의나 항의가 있는 경우 관할권을 갖는 법원을 말한다.

지급명령신청의 효과는 논리정연한 심사가 아니다. 다시 말하면 사법보조관은 단지 예컨대 독립적 금전청구권이 문제되고 있는지의 여부 등과 같은 형식적 요건들만을 심사할 뿐이다. 사법보조관은 주장되는 청구권의 실질적인 요건들, 즉 이러한 청구권이 실제로 존속하는지 여부에 대하여는 심사하지 않는다. 즉, 지급명령결정에 대하여 2주 내에 아무런 이의도 제기되지 않는다면, 민사소송법 제699조 제1항에 따라 집행결정이 이루어진다. 이러한 집행결정은 임시적 강제집행의 방법으로 집행될 수 있다. 지급명령결정에 대한 이의제기나 집행결정에 대한 항변이 있는 경우, 민사소송법 제696조에 따라 일방 당사자의 신청에 기하여 통상적인 분쟁 재판절차가 진행된다.

5.4 가구제

가구제(einstweilger Rechtschutz)는 민사소송법 제916조 - 제945조에서 규율되고 있다.

소송 수행과 - 사정에 따라서는 심지어 복수의 심급에 걸쳐 - 강제집행에는 상당한 시간이 소요되고, 이러한 기간 동안 더 다른 법적 청구권을 위태롭게 하는 상황들이 등장할 수 있기 때문에, 가구제를 통해 단지 **임시적일 지라도 신속한 규율**의 필요성이 존재한다.

가구제는 **간이재판절차**(summarisches Erkenntnisverfahren)로서, 우선 일반적인 절차의 전제들에 관하여 사실문제와 법률문제들이 개괄적으로 심사된다.

간이재판에 따른 판결을 하기 위하여 법원은 당사자를 통한 **제시와 소명**(민사소송법 제920조 이하, 제294조)을 이용한다. 어떤 사실상의 주장을 소명해야 하는 자는, 예를 들어 선서를 대신하는 문서나 보증과 같은 모든 증명수단을 이용할 수 있다.

가구제의 형식에는 **2가지**가 있다: 그 하나는 금전채권 또는 금전채권으로 이어질 청구권의 장래에 있어서의 집행 확보를 위한 **가압류**(dinglicher Arrest) **및 가구금**(persönlicher Arrerst)이다. 그리고 다른 하나는 개인적 청구권이나 일정 상태의 확보 또는 임시적 규율을 위한 **가처분**(einstweilige Verfügung)이다.

> **Tip** > **개인적 청구권에 관한 예시들** : 물건의 인도, 도로이용의 수인, 명
> 예훼손이나 신용훼손적인 공표의 부작위 등에 관한 청구권.
> **규율처분에 관한 예시들** : 경계, 점유 또는 임차 관련 분쟁의 규율,
> 거주공간의 명도처분

관할권은 본안 법원, 즉 법적 사안이 이미 계류 중이거나 1심에 계류될 수 있는 법원이 갖는다. 가구제의 효력은 어떠한 본안 선취도 일어나서는 안되며, 원칙적으로 청구권의 임시적 확보만이 가능하다.

따라서 가압류에 있어서는 동산은 압류될 뿐, 경매되지 않는다. 금전은 채권자에게 지급되지 않으며, 공탁된다. 처분에 있어서는 법원은 자유재량에 의거하여 어떤 명령이 내려져야 할지를 정한다.

5.5 심급관할

1심에서는 법원조직법 제23조, 제23a, 제23조의b, 제71조에 따라 구법원이 소가(訴價) 5,000 유로까지 그리고 임차사건, 가사사건 및 가정폭력방지법 관련 사건에 대한 사물관할권을 갖는다. 그 밖의 다른 모든 사건들에 있어서는, 예를 들어 공무원과 국고 사이의 분쟁은 지방법원이 사물관할권을 갖는다.

2심에서는 법원조직법 제72조, 제119조에 따라 상급지방법원이 관할권을 갖지 않는 한, 지방법원이 구법원의 판결에 관한 항소법원이 된다. 상급지방법원은 가사사건과 법적 분쟁의 일방 당사자가 외국인인 경우에 항소법원이 된다.

사건이 중요한 의미를 갖거나, 법적 분쟁에 대한 판결이 법해석적 발전을 위해 필요하거나 통일된 판례가 확보되어야 하는 경우에는 3심으로 연방최고법원에 대한 상고가 법원조직법 제133조에 의하여 허용된다.

연방헌법재판소에의 제소는 헌법재판소법 제13조에서 명시적으로 열거하고 있는 모든 경우들에서 허용된다. 하지만 연방헌법재판소는 최상급의 심급이 아니라, 핵심에 있어 기본법과 관련되거나 특정한 기본권침해가 존재할 수 있는 경우들만을 다룬다. 개인이 제기하는 헌법소원이 연간 모든 헌법재판소에 계류 중인 절차의 대략 96%를 점하고 있다고 해도, 이 중 단지 대략 2.5%만이 승소하고 있다.

5.6 강제집행절차

심급에 따른 재판이 확정적으로 종결된 후에 강제집행절차가 연결된다. 이는 법원을 통해 확인되고 집행권원이 부여된 청구권의 관철에 기여한다.

강제집행절차의 요건들은 (강제집행의) 여부 및 방법으로 나뉘어진다. 강제집행이 허용되는지 여부는 신청, 권원, 집행문, 송달 등의 존재에 따른다. 강제집행이 어떻게 이루어져야 하는지는 정당한 시간, 정당한 장소, 정당한 유형과 방식 및 정당한 범위에 따라 결정된다. 개별적인 경우에 있어서의 강제집행의 요건들은 다음과 같다.

- **신청**: 채권자의 권한있는 강제집행기관에의 신청, 민사소송법 제753조 이하.
- **권원**(Titel): 집행되어야 할 청구권의 존속을 확인하는 권한있는 기관의 문서. 예를 들어 민사소송법 제704조의 종국판결문, 민사소송법 제794조 제1항의 화해문, (피청구인의

이의신청이 받아들여지지 않은 후에 지급명령절차에서 행해지는) 집행결정문.

- **집행문**(Klausel): 문서의 형식을 통한 집행가능성의 공적 표시
- **송달**: 집행채무자에 대한 문서의 송달. 송달은 종종 직접 만나서 교부하는 형식으로 행해지기도 하는데, 집행관이 집행채무자의 문 앞에 서 있는 경우가 그러하다.

강제집행은 적시에, 적소에서, 올바른 유형과 방식으로, 그리고 적절한 범위 내에서 이루어져야 한다. 집행의 대상이 되는 물건은 - 영치 또는 봉인의 부착을 통해 -최종적으로 압류된 후, 경매를 통하여 환가가 이루어진다.

V

민법전

Ⅴ. 민법전

    통상의 법적 구제수단에서 주장될 수 있는 실체법적 청구권은 우선 일반 사법의 바이블인 민법전에서 모두 도출된다.

1. 민법전의 생성과 연혁

    민법전의 발효시까지 독일의 사법 영역에서는 법적 분열현상이 지배하였다. 제국의회 의원이었던 미크벨과 라스커의 여러 번에 걸친 발의에 따라, 1873년 12월 13일 미크벨 – 라스커 법(lex Miquel – Lasker)으로 불리는 변경법률(개헌법률)이 제정되었다. 이를 통하여 이전에는 단지 채권법과 상법 및 어음법에 관하여만 존재하던 (1871년에 수립된) 독일제국의 입법권한이 제국헌법 제4조 제13호에서 전체 사법으로 확대되었다. 1874년 4월 연방참의원의 위임을 받은 준비위원회가 통일된 사법전의 작성에 관한 첫 번째 보고서를 제출하였다. 1874년 6월부터 1887년까지 제1위원회는, 개별 기초자들의 이유제시와 전체의 의사록을 포함하는 이유서와 함께 제1초안을 마련하였다. 1890년부터 1895년까지 제2위원회는 제2초안을 만들었다. 제2위원회의 의사록은 7권으로 편찬되었다. 1896년 연방참의원을 통한 수정에 따라 제3초안이 공표되었는데, 이는 제국법무성의 건의서라 불리는 이유제시와 함께 제국의회의 의안이 되었다. 민법전은 1896년 제국의회에 의하여 받아들여졌고 연방참의원에 의하여 승인되었으며, 황제에 의하여 서명된 후 1896년 8월 18일 공포되었고 1896년 8월 24일 제국법률관보에 게재되었다. 새로운 법률의 시행까지 3년 반의 법공백(Legisvakanz)[61] 이 있은 후 1900년 1월 1일 민법전이 발효되었고, 그 이후 오늘날까지 황제시대, 제1차 대전, 바이마르공화국, 나치시대, 2차 대전, 독일연방공화국의 수립, 재통일을 거치며 일반적으로 적용되어 왔다. 묵단(Mugdan)에 의해 1899년 5권으로 출간된 전체 (민법전 관련) 입법자료집은 초안, 이유서, 의사록, 건의서 등의 이름을 가지고 오늘날도 여전히 입법연원과 입법자 의사에 따른 역사적 해석을 함에 있어 도움을 주고 있다.

2. 민법전의 체계

민법전은 5편으로 구성되는데, 논리적으로 보면 1편부터 5편까지 일반적인 것에서 특수한 것으로 구축되어 있다. 민법전의 모든 부분에 적용되는 일반적인 원칙들은 총칙으로서 앞으로 끌어내어지는데, 이는 각칙 부분인 채권법, 물권법, 가족법과 상속법들에서도 공통부분이 앞으로 끌어내어지는 것(Klammerprinzip)과 유사하다. 이러한 구성에 의해 민법전은 역사법학파의 판덱텐체계(Pandektensystem, 총칙이 있는 독일식 체계)의 전통에 서 있는데, 이는 오늘날 여전히 오스트리아 일반민법전(ABGB)과 프랑스 민법에서 발견되는 사람, 물건, 소권이라는 인스티투치오네스체계(Institutionensystem, 로마식)의 구성과는 대조된다. 민법전의 언어는 추상적이고 도그마틱적이며, 간결하고 적확하다. 이러한 언어는 극심한 상황변화들 속에서도 민법전이 장기간에 걸쳐 유지되어 오고, 문제해결의 권위

---

61) 라틴어 "vecatio legis": 어떤 법규범의 발령과 발효 사이의 시간 간격.

를 가져왔던 근거 중 하나이다. 민법전은 개인의 사적 자치를 위해 자유주의적 입장을 취하고 있다. (민법전의 전통적인) 문체와 기본태도는 오늘날 입법자들이 사례해결을 위해 급조한 규율을 통해 부분적으로, 특히 소비자보호법에서 깨뜨려지고 있다, 참고로 민법전 제305조 - 제310조, 제312조 - 제312조i, 제355조 - 제360조.

— 1편: 총칙(민법전 제1조 - 제240조)

총칙이 포함하는 일반적 규정들은 특별규율을 갖고 있지 않은 나머지 민법전의 모든 부분들에 적용된다. 일반적 규율의 예시로는 다음과 같은 것이 있다:

민법전 제1조 권리능력, 민법전 제7조 주소, 민법전 제13조 및 제14조 소비자와 사업자의 정의, 민법전 제104조 이하의 법률행위능력, 민법전 제116조 이하의 의사표시와 법률행위, 민법전 제164조 이하 대리, 민법전 제194조 이하 소멸시효.

— 2편: 채권법(민법전 제241조 - 제853조)

채권법은 사람들 간의 채권법적 특별관계를 다루고 있다.

이는 채권법 총칙(민법전 제241조 - 제432조)과 채권법 각칙(민법전 제433조 - 제853조)으로 구성된다. (채권법) 총칙은 개별적 계약유형에 관한 특별한 소멸규정을 포함한다.

채권법 각칙에서는 제433조 이하의 매수와 같이 특히 빈번하게 나타나는 계약형식들이 유형화되고 있다.

그리고 민법전 제823조 - 제853조에서 불법행위가 규정된다.

— 3편: 물권법(민법전 제854조 - 제1296조)

물권법은 사실상의 물건의 지배(점유), 법적인 물건의 지배(소유) 및 저당, 토지채무, 담보권 등과 같은 제한물권 등의 관점을 고려하여 사람과 물건과의 관계를 규율한다.

— 4편: 가족법(민법전 제1297조 - 제1921조)

가족법은 혼인과 친족 및 미성년 후견, 성년 후견과 (후견법원의) 보호조치 등을 규율한다.

  - 5편: 상속법(민법전 제1922조 - 제2385조)

상속법은 사람의 사망에 따른 재산법적 효과를 규율한다.

VI

사법의 기본개념과
구조

Ⅵ. 사법의 기본개념과 구조

1. 사법의 주체들

사법에서의 행위자들은 자연인, 법인, 인적 회사 그리고 공동체이다.

자연인은 모든 인간을 말한다.

법인은 법질서에 의하여 권리능력이 인정된 인적 또는 물적 결합체로서, 그를 위해 그의 기관들이 행동한다.

사법상 법인으로는 예컨대 민법전 제21조 이하의 사단(Verein), 민법전 제80조 이하의 재단(Stiftung), 주식법 제1조 제1항 제1문의 주식회사(AG), 주식법 제278조 제1항의 주식합자회사(KGaA), 유한회사법 제13조 제1항의 유한회사(GmbH), 등록조합법 제17조 제1항의 등록조합(eG), 보험감독법 제15조의 상호보험협회(VvaG), 유럽주식회사법 도입법률의 유럽(주식)회사(라틴어로도 Societas Europaea - 유럽주식회사, SE) 등이 있다.

인적 회사(Personengesellschaft)는 예컨대 민법전 제705조의 민법상 회사(GbR), 상법전 제105조 이하의 합명회사(OHG), 상법전 제161조 이하의 합자회사(KG), 상법전 제230조 이하의 익명조합(stille Gesellschaft), 상법전 제489조의 상업선박 동업자회사

(Partenreederei), 동업자회사법 제1조 제4항의 동업자회사(PartG), 유럽경제이익단체에 관한 시행법률 제1조의 유럽경제이익단체(EMIV) 등이다. 유한합자회사(GmbH & Co. KG)는 합자회사의 특수한 형태이며, 인적회사이다. 유한합자회사에서 유일한 무한책임사원, 즉 출자자는 유한회사(GmbH)이다.

공동체는 예컨대 민법전 제2032조의 상속공동체, 주택재산법(WEG) 제10조의 주택소유권 공동체 등을 말한다.

2. 사법에서의 객체

사권과 법익은 사법적 법률관계로부터 나오는 사인의 모든 권리와 법익을 말한다.

주관적 권리(Das subjektive Recht)는 특정한 개인의 법적 힘을 말한다.

법률관계(Rechtsverhältnisse)는 법적으로 규율되는 사람들 간의 관계이다. 사법적 법률관계는 특히 민법전으로부터 나온다.

소유권이나 제한물권과 같은 권리는 절대적 권리로서 모든 사람에게 작용한다. 채권, 청구권 및 형성권은 상대적 권리로 특정인 사이에서만 작용한다.

법익은 예컨대 생명, 자유, 신체, 건강과 같은 것이다.

권리는 예컨대 명예, 소유, 기타 소유와 마찬가지로 배타성을 갖는 정당한 점유 등이다(민법전 제823조 제1항).

청구권(Anspruch)은 타인에게 작위 또는 부작위를 요구할 권리를 말한다(민법전 제194조 제1항).

채권(Forderung)은 채권적 법률관계로부터 나오는 청구권을 말한다.

채권관계(Schuldverhältnisse)에 따라 채권자는 채무자에게 이행을 요구할 권리를 갖는다. 이행은 부작위의 형태로도 존재할 수 있다(민법전 제241조 제1항).

민법전은 채권관계의 개념을 두 가지 의미로 사용하고 있다. 좁은 의미의 **채권관계**는 개별 채권에 관한 채권자와 채무자 간의 관계를 가리킨다. 넓은 의미의 **채권관계**는 채권자와 채무자 간 모든 법적 관계의 총체를 포괄한다.

채권관계에서의 **채무**는 형법에서와 같은 개인적 비난가능성을 의미하는 것이 아니라, 이행의무를 의미한다.

사람은 생활상 사실관계에 따라서 **소비재 매매계약**에서의 소비자처럼 상이한 법적 지위를 누릴 수 있는데, 소비재 매매계약의 경우 민법전 제13조의 소비자는 민법전 제14조의 사업자로부터 동산을 구매한다.[62]

3. 사법에서의 행위형식

사람들은 사법(관계)에서 법률행위를 행한다. **법률행위**(Rechtsgeschäfte)는 최소한 의사표시로써 구성되는데, 이는 단독으로 또는 다른 요소들과 결합하여 법질서에 의해 인정되는 법률효과를 야기한다.

일방적 법률행위와 쌍방적 법률행위가 있다. **일방적 법률행위**(einseitige Rechtsgeschäfte)는 한 사람에 의하여 행해진다. 일방적 법률행위는 민법전 제119조와 제123조의 취소, 민법전 제398조의 상계, 민법전 제657조의 현상광고, 민법전 제184조 제1항의 추인, 민법전 제314조의 해지, 민법전 제1937조 이하의 유언 등이다. **쌍방적 법률행위**(mehrseitige Rechtsgeschäfte)에는 제145조 이하의 계약과 결의 등이 있다.

의사표시(Willenserklärung)는 법률효과의 발생을 목적으로 하는

---

62) 정확히는 소비재구매계약이 아니라 소비자계약이라고 하면 된다. 왜냐하면 특별규율에 관하여 중요한 것은 소비재의 구매가 아니라 소비자로서 구매자의 법적 지위이기 때문이다.

의사의 표현이다.63) 하자없는 의사표시는 행위의사, 법률구속의
사, 효과의사의 통고를 통한 외부적/객관적 구성요건 및 이에 상
응하는 표의자의 행위의사, 표시의사, 효과의사 등 주관적 구성요
건으로 구성된다.

행위의사(Handlungswille)는 어떤 행위를 실행하려는 의사이다.
행위는 예컨대 제스처, 흉내, 말하기, 쓰기 또는 침묵이다. 최면이
나 수면 중 일어나는 행동은 어떠한 행위에도 포섭되지 않는다.

표시의사(Erklärungsbewusstsein)는 무언가 법적 의미있는 표시
를 표명하려는 의사이다.

효과의사(Geschäftswille)는 완전히 특정된 법률효과를 표시를
통해 발생시키려는 의사이다.

주관적 의사와 객관적 표시가 일치하지 않는 경우에는 **의사의
흠결**이 있게 되는데, 이에 관하여는 민법전 제116조-제124조가
규정하고 있다. 행위의사가 결여되어 있으면, 아무런 의사표시도
존재하지 않게 된다. 표시의사가 결여되어 있는 경우에도 표의자
가 거래에서 필수적인 주의를 기울였다면 그의 표현이 신의성실
및 민법전 제157조의 거래관행에 따라 의사표시로서 이해되고, 의
사표시의 수령자 또한 실제로 그렇게 이해하였다는 것을 인식할
수 있었을 때에는 의사표시가 존재한다.64) 전형적인 사례는 - 법
실무에서는 그렇게 재판된 적 없는 - 트리어(지역)의 와인경매이
다. E가 누군가와 인사하고자 손을 들었는데, 이것이 경매인 A으
로 하여금, E에 대해 낙찰을 승낙하도록 만들었으며, 이로써 계약
체결이 이루어졌다. 표시의사나 효과의사가 결여되었다면, 의사표
시는 민법전 제119조 제1항에 따라 민법전 제121조의 기간 내에
서 취소가능하고, 표의자는 민법전 제122조에 따라 손해배상의 의

---

63) BGHZ 145, 343 = NJW 2001, 289 f.
64) BGHZ 91, 324.

무가 있다. 의사표시는 또한 민법전 제119조 제2항에 따라 거래에 본질적인 사람이나 물건의 특성에 관한 착오를 이유로, 또는 민법전 제120조에 따라 도달에 이용된 사람이나 설비로 인하여 도달이 잘못된 것을 이유로 취소될 수 있다.

(의사표시에는) 수령을 요하는 의사표시와 수령을 요하지 않는 의사표시가 있다.

민법전 제80조의 기부행위, 민법전 제657조의 현상광고, 민법전 제959조의 소유권포기, 민법전 제1937조의 유언과 같은 **수령을 요하지 않는 의사표시**(Nichtempfangsbedürftige Willenserklärung)는 그것이 외부에 표명되었을 때 그 효력이 발생한다. 수령을 요하지 않는 의사표시의 표명은 의사표시의 표현이라 하지 않는다. 수령을 요하지 않는 의사표시의 표명이 있으면, 그 의사표시는 상대방의 요지(了知)가 없어도 즉시 효력이 발생한다.

수령을 요하는 의사표시(Empfangsbedürftige Willenserklärung)는 현재자(現在者)에 대하여는 표명되어야 하며, 부재자(不在者)에 대한 효력발생을 위하여는 그에게 도달되어야 한다(민법전 제130조 제1항 제1문). 상대방에게 먼저 또는 동시에 철회의 의사가 송달되는 경우에는 의사표시는 효력이 발생하지 않는다(민법전 제130조 제1항 제2문). 표명이 표의자에 의하여 의도적으로 거래에서 이루어져서 그의 더 다른 관여없이 수령자에게 도달될 수 있으면, 수령을 요하는 의사표시의 표명이 인정된다.[65] 일상적인 경험칙에 따를 때 수령자가 의사표시를 인식할 수 있다고 판단될 정도로 수령자의 지배범위 내에 이르게 되면, 바로 의사표시가 도달된 것으로 볼 수 있다.[66]

모든 법률행위는 최소한 의사표시를 전제로 하지만, 모든 의

---

65) BGH, NJW 1979, 2032 f.
66) BGHZ 137, 205, 208.

사표시가 법률행위인 것은 아니다.

법률행위와 구분되는 것으로 준법률행위와 사실행위가 있다.

준법률행위(Rechtsgeschäftsähnliche Handlungen)는 표의자의 의사와 무관하게 (전적으로) 법질서에 의하여 법률효과를 발생시키는 표명이다. 준법률행위의 예로는 민법전 제108조 제2항, 제177조 제2항, 제1366조 제3항, 제1369조 제3항에 따른 추인의 독촉; 민법전 제214조의 소멸시효에 대한 이의제기; 민법전 제286조의 촉구; 민법전 제661조의a에 따른 당첨통지 또는 (제3자인 채무자를 위한) 변제시 변제목적의 지정과 같은 비용목적명시 등을 들 수 있다.

사실행위(Realakte)는 법질서가 행위자의 의사와 무관하게 법률효과를 부여하는 행위이다.[67] 사실행위에 관한 예시는 민법전 제854조 이하의 점유취득과 점유포기; 제946조 이하의 물건의 부합(1개 물건에 여러 소유자)과 혼화(원물 식별이 불가한 혼합); 민법전 제965조 및 제984조의 습득; 민법전 제562조에 따른 임차공간에의 물건의 반입 또는 민법전 제701조와 제704조상 접객업장에의 물건의 반입 등이다.

따라서 (법률행위에서의) 의사표시, 준법률행위 및 사실행위는 다음과 같이 구분된다. 의사표시가 법률효과를 나타내는 것은 바로, 비표현적 표시에 있어서도 법률효과가 내적으로 의욕되고 있기 때문이다. 준법률행위는 표명에 해당하며 그에 상응하는 표의자의 내적 의사 없이도 법률효과를 발생시킨다. 사실행위는 표명에 해당하지 않으며, 그에 상응하는 내적 의사없이 법률효과를 발생시킨다.

---

67) 참고로 Motive I (제1초안 이유서), 127.

4. 계 약

법률행위는 법률관계 형성을 위한 수단이다. 계약(Vertrag)은 가장 중요한 쌍방적 법률행위이다. 계약은 최소한 두 사람의 내용상 합치되고, 관련지어 서로 표출되며, 합치된 의사표시로 구성되는 법률행위이다.

민법전 제322조에 따를 때, 쌍무계약(gegenseitiger Vertrag)으로부터 나오는 급부는 원칙적으로 동시이행으로 이루어져야 한다.

매매, 임대차, 서비스 또는 도급계약과 같은 쌍무계약의 경우 선급부의무를 갖지 않는 당사자는 민법전 제320조에 따른 **동시이행의 항변권**(Einrede des nichterfüllten Vertrages)으로써 자신에게 의무지워진 급부를 반대급부의 이행이 있을 때까지 거부할 수 있다.

유치권(Zurückbehaltungsrecht)은 – 쌍무계약에서만이 아니라, 넓은 의미에서의 모든 채권관계에서도 – 민법전 제273조로부터 나온다. 동조에 따르면 그의 의무가 근거하는 동일한 법률관계에서 채권자에 대해 이행기가 도래한 청구권을 가지고 있는 채무자는 – 채권관계로부터 다른 것이 발생하지 않는 한 – 그에게 마땅한 급부가 이루어질 때까지 의무지워진 급부를 거부할 수 있다. 민법전 제273조 제3항 제1문에 따라 채권자는 (채무자에 의한) 유치권의 행사를 담보제공을 통하여 회피할 수 있다.

단체, 회사 및 공동체의 **결의**는 서로 결합되지 않고 각각 표출되어지는 표시로 구성되며, 다수에 투표하지 않은 구성원까지도 구속한다.

계약의 자유는 사적 자치(Privatautonomie)의 구성 부분이다. **사적 자치**의 원칙은 권리주체가 법질서가 허용하는 범위내에서 자신의 법률관계를 자유로이 발생시키고, 형성하며, 소멸시킬 수 있다는 것을 의미한다.

기본법 제2조 제1항의 **계약자유**(Vertragsfreiheit)는 원칙적으로 체결여부 및 누구와 체결할 것인지에 관한 체결의 자유, 그리고 어떤 형식으로 어떠한 내용의 계약을 체결할 것인지에 관한 형성의 자유를 내용으로 한다.

당사자들이 달리 합의하지 않거나 법률이 달리 규정하지 않는 한, 민법전 제126조의 서면**형식**, 민법전 제126조의a의 전자형식, 민법전 제126조의b의 텍스트형식(편지, 팩스 등), 민법전 제128조의 공정증서의 작성, 민법전 제129조의 공적 인증과 같은 형식은 계약에 있어서 반드시 필요한 것이 아니다.

경찰은 **공증**이나 **공인**에 관한 권한을 갖는 기관이 아니다. 공증법(BeurkG)은 공증인을 통한 공적 증명과 보관에 적용된다. 그러나 개별적 경우들에서 경찰은 경찰 스스로 작성한 문서 사본의 정확성과 원본일치성에 대한 증명서를 발급할 수 있다.

계약체결의 자유에 대한 예외적 경우는 **계약강제**이다. 체결강제는 특별한 법률규정에 따라 존재한다. 예를 들어 여객운송법(PBefG) 제22조에 따르면 사업자가 운송의 의무를 지는 것은, 1) 운송조건이 갖추어진 때 2) 통상적으로 투입되는 운송수단에 의한 운송이 가능한 때 3) 사업자가 회피하거나 벗어날 수 없는 여건에 의해 운송이 방해되어지지 않을 때이다. 여객운송법 제1조에 따르면 여객운송법은 시가전차, 트롤리버스(무궤도전차), 자동차에 의한 유상 또는 업무용 승객운송에 적용된다. 더 다른 예로는 에너지경제법(EnWG) 제17조에 따라 에너지공급망 운영자에 대해 최종소비자에게 전기와 가스를 공급하기 위한 망연결을 강제하는 것과, 통신법(TKG) 제16조 이하에 따라 근거지어진 경우로 다른 망운영자와 공동접속할 공적 망운영자의 의무, 책임보험법 제1조 및 제5조 제1항과 제4항에 따른 배상의무에 대한 보험을 보증할 차량배상의무 보험사업자의 의무 등이다.

계약자유를 제한하는 법률은 **일반평등대우법**(AGG)이다. 이 법률의 목적은 노동법 영역과 기타 사법적 사실관계에서 나오는 중요한 이유로 인한 원칙과 예외로써, 사법에서 인종, 민족적 유래, 성별, 종교, 세계관, 장애, 나이 등으로 인한 차별을 방지하거나 제거하는 것이다(AGG 제7조, 제8조, 제9조, 제10조, 제16조, 제19조, 제20조). 따라서 AGG에 따라 민족이나 인종을 이유로 한 외국인의 접객업소 입장금지는 일반적으로 허용되지 않는다.

고용주의 피고용인에 대한 차별에 대하여는 일반평등대우법 제15조가 손해배상과 금전보상을 규정한다. 기타 사법적으로 허용되지 않는 차별에서 나오는 청구권에 대하여는 AGG 제21조가 규율한다. 차별받은 자는 차별금지에 대한 저촉이 있으면 별도의 다른 청구권과 관계없이 침해의 제거를 요구할 수 있다. 더 다른 침해가 염려된다면, 그는 부작위청구소송을 제기할 수 있다.

차별금지를 위반한 경우 차별하는 자는 이를 통해 발생한 손해를 배상할 의무를 갖는다. 차별하는 자가 의무위반에 대해 책임질 필요가 없을 때에는 그러하지 아니하다. 비재산적 손해가 있은 경우, 차별받은 자는 적절한 배상을 금전으로 요구할 수 있다.

차별하는 자는 차별금지에 어긋나는 합의를 주장할 수 없다.

AGG에 따른 청구권은 2개월 내에 주장되어야 한다. 다만 차별받는 자가 귀책사유없이 기간의 준수를 방해받고 있던 경우에는 기간이 경과한 후에도 청구권을 주장할 수 있다.

AGG 제22조의 증명책임에 관한 규정은 분쟁사안에 있어서 한 당사자가 AGG 제1조에서 열거된 사유에 해당하는 차별이 있었음을 추정할 수 있는 간접증거를 제시하면, 다른 당사자는 차별로부터 보호받기 위한 규정에 저촉되는 일이 없다는 것을 증명하여야 한다는 것을 의미한다.

계약은 원칙적으로 의사표시를 통하여 청약되고 승낙된다(민법전 제145조 및 제147조).

청약(Angebot)은 다른 사람에게 계약체결을 요구하는 수령을 요하는 의사표시로서, 본질적인 계약내용[68]이 특정되거나 특정될 수 있어서(참고로 민법전 제315조 - 일방 당사자를 통한 급부의 지정) 계약체결을 위해서는 승낙을 의미하는 수령자의 단순한 동의로 충분하다는 것을 포함하여야 한다. 예를 들면 매매대상물과 매매가격 등 본질적인 내용이 포함된 청약은 신원확인 가능하고 청약에 동의하는 수령자에게 매매계약체결로 이어진다.

승낙(Annahme)은 청약된 계약체결에 대한 동의이다. 승낙은 원칙적으로 수령을 요하는 의사표시이다. 거래관행에 따를 때 승낙의 의사표시가 기대될 수 없거나 청약자가 이를 포기한 경우라면, 계약은 청약자에 대한 승낙의 의사표시 없이 승낙을 통한 계약체결이 이루어진다(민법전 제151조). 승낙의 의사는 승낙행위를 통하여 외부로 표출되는 것으로 족하다. 예를 들어 호텔 예약에 따른 호텔방의 공급이나, 주문에 따른 물건의 포장과 우송의 경우가 그러한 경우에 해당한다.

5. 의사표시의 해석

수령을 요하지 않는 의사표시에 있어서는 민법전 제133조에 따라 표의자의 실질적 의사가 조사되어야 한다.

수령을 요하는 의사표시는 원칙적으로 민법전 제133조 및 제157조에 따를 때 **객관적 관점**에서 의사표시의 수령자가 의사표시를 어떻게 이해할 것인지의 문제를 고려하여 해석하여야 한다.

표의자와 의사표시의 수령자가 서로를 잘 이해한다면, 즉 표의자의 의사와 수령자의 이해가 실제적으로 합치된다면, 이러한

---

68) 라틴어: essentilaia negotii.

이해는 객관적 관점에 따른 해석에 우선한다. 전형적인 사례는 학
왜링스쾌드(Haakjöringsköd) 사례[69]로, 매도자와 매수자가 학왜링스
쾌드(상어에 해당하는 노르웨이어)에 관한 매매계약을 체결했지만, 고
래고기를 매매대상으로 한다는 것에 의사가 일치하였다. 이러한
오기는 고래고기에 관한 매매계약체결에 아무런 영향을 미치지
않았다.[70]

　　청약의 유인(invitatio ad offerendum)이 있는 경우에는 청약 의
사표시의 외부적 표시구성요건이 결여되어 있다. 청약의 유인은
청약의 표출에 관한 요청일 뿐이며, 계약체결을 위해서 단지 승낙
만 이루어지면 되는 청약이 아니다. 청약의 유인은 대개 인터넷[71]
이나 카달로그, 진열창 또는 신문광고의 대중에 대한 상품설명에
있어서 존재한다. 이는 다음과 같은 해석을 가져온다. 즉, 매도인
은 잠재적 매수인에 대한 평가, 예컨대 지급능력의 검토나 더 다
른 계약조건에 관한 협상을 고려하지 않고 계약을 체결하려고 하
지는 않는다는 것과, 다수의 구매자들과의 진열된 상품들에 관한
다수의 계약상의 의무로부터 스스로를 보호하고자 하며, 잠재적
매수인은 이를 인식할 수 있다.[72] 다른 한편 상품선전이라는 해석
이 의미하는 것은, 그것이 **불특정 다수인에 대한 순수한 계약청약**,
즉 Offerten ad incertas personas라는 것이다. 불특정 다수인에 대
한 청약의 예로는 매매 대상이 되는 물건이 충분히 갖추어지고 제
대로 작동한다는 조건 하에서 매매계약에 대한 청약으로서의 상
품자동판매기 설치과, 매매계약체결의 청약으로서 인터넷 경매 사
이트를 열어 놓는 것 등을 들 수 있다.[73] 인터넷 경매에 있어서는

69) RGZ 99, 148.
70) 법적인 라틴어로는: Falsa demonstratio non nocet.
71) BGH, NJW 2005, 976.
72) BGH, NJW 1980, 1388.

인터넷 제시문서가 청약이며, 입찰시간 내의 가장 높은 호가가 승낙이다.

셀프서비스 업소에서의 상품의 진열 또는 주유소에서 가솔린 급유기의 비치는 통상적으로 불특정 다수인에 대한 청약으로 볼 수 있는데, 이는 고객이 계산대에서 상품을 제시하거나 급유기에서 주유함으로써 승낙된다.[74] 주유소 운영자가 주유를 해주지 않는다면, 민법전 제151조 제1문에 따라 고객의 승낙의 의사표시에 대한 기대를 포기한 것으로 가정할 수 있다.[75]

6. 사법적 주체들의 능력

권리능력(Rechtsfähigkeit)이란 권리와 의무의 주체가 될 수 있는 능력이다. 권리능력은 자연인의 경우 민법전 제1조에 따라 출생의 완료와 함께 주어진다. 태아(nasciturus[76]), 그리고 법적 거래에 참여하여 자신의 권리와 의무를 발생시키는 GbR(민법전 제705조의 민법상 회사)과 같은 인적회사는 부분권리능력을 갖는다.[77]

민사소송에서의 당사자능력(Parteifähigkeit)은 민사소송법 제50조 제1항에 따라, 권리능력있는 자가 갖는다.

행위능력(Handlungsfähigkeit)은 자신의 행위를 통하여 법적 효과를 발생시키는 능력을 말한다. 행위능력은 민법전 제104조-제113조의 법률행위능력, 민법전 제276조의 책임능력 및 민법전 제827조 이하의 불법행위능력 등을 포괄한다.

---

73) BGH, NJW 2002, 363 f.
74) BGH, JuS 2011, 929.
75) BGH, Urteil vom 11.05.2011 - VⅧ ZR 289/09, Rdnr.8 = BGH, NJW 2011, 2421.
76) 라틴어로 정확한 어의는: 성공적으로 착상된 임신 후 대략 14일부터 만들어진 아직 출생되지 않은 태아.
77) BGHZ 146, 341.

　　법률행위능력(Geschäftsfähigkeit)은 법률행위적 의사표시를 유효하게 표명하고 받아들이는 능력이다.

　　민사소송법 제51조에 따른 **소송능력**(Prozessfähigkeit)이란 권리능력에 대응하는 민사소송상의 개념으로서, 스스로 또는 소송대리인을 통하여 소송을 수행하는 능력을 의미한다.

　　민법전 제104조에 따라 다음과 같은 자는 **법률행위 무능력자**이다. 즉, 1) 7세가 되지 못한 자와 2) 정신병적 장애로 자유로운 의사결정이 불가능한 상태에 있는 자로서 그 상태가 성질상 임시적이지 않는 경우. 법률행위 무능력자의 의사표시는 무효이다(민법전 제105조 제1항). 그에 대한 예외를 이루는 것으로는 민법전 제105조의a가 있는데, 그에 따르면 성년의 법률행위 무능력자가 사소한 가치를 들여 행한 일상생활에서의 행위는 유효한 것으로 간주된다. 따라서 이미 급부된 것의 반환청구는 민법전 제812조 제1항 제1문에 따라 배제된다.

　　7세 이상의 미성년자는 민법전 제107조－제113조가 정하는 바에 따라 **제한된 법률행위능력**을 갖는다. 미성년자의 의사표시가 단순한 법적 이익만을 얻는 것이 아닌 경우에는 법정대리인의 동의를 필요로 한다(민법전 제107조). 미성년자가 민법전 제183조 제1문의 법정대리인의 필요적 동의없이 계약을 체결하였다면, 계약의 효력은 민법전 제184조 제1항의 법정대리인의 추인에 달려있다(민법전 제108조 제1항). 상대방이 법정대리인에게 추인의 의사표시를 촉구한다면, 그 추인의 의사표시는 단지 그 상대방에 대해서만 이루어질 수 있다. 촉구에 앞서 미성년자에 대해 행해진 추인의 의사표시나 추인의 거절은 효력이 없다(민법전 제108조 제2항 제1문). 추인은 단지 촉구 수령 후 2주가 경과될 때까지만 표시할 수 있다. 만일 그 때까지 표시되지 않으면, 이는 거절로 간주된다(민법전 제108조 제2항 제2문). 미성년자가 제한없이 법률행위능력을 갖게 된다면, 법정대리인의 추인에 대신하여 그의 추인이 효력을 갖는다(민법전 제108조 제3항). 한편 법정대리인의 (명시적) 동의없이 미성년자에 의해 체결된 계약이 처음부터 유효한 것으로 간주되기도 하는데, 미성년자가 계약에 따른 급부를 법정대리인이나 그의 동의를 얻은 제3자에 의해 그 목적에 쓰이도록 미성년자의 자유로운 처분에 맡겨진 재산으로 급부를 행한 경우에 그러하다(민법전 제110조). 제한된 법률행위능력에 관한 특별규정들은 일방적 법률행위에 관하여는 민법전 제111조, 영업의 독자적 운영에 관하여는 민법전 제112조, 그리고 고용이나 근로관계에 관하여는 민법전 제113조에 존재한다.

특별한 권리능력으로는 민법전 제1303조의 **혼인능력**, 민법전 제2229조의 **유언능력**, 아동종교교육법(RelKEG) 제5조의 **신앙고백능력** 등이 있다.

민법전 제164조 – 제181조의 **대리**(Stellvertretung)는 다른 사람을 위한 법률행위 또는 대리에 관한 규정을 유추적용한 준법률행위이다.

대리에 있어 대리인은 법률행위적으로 행위하고, 그 법률효과는 피대리인에게 귀속된다. 예를 들어 종업원은 영업장 내에서 영업주를 위해 대리행위를 행하고, 그 법률효과는 영업주에게 귀속된다. 따라서 계약체결은 영업주의 부재에도 불구하고 대리를 통해 영업주에게 발생한다.

대리는 민법전 제164조 제1항에 의거한 의사표시의 표출이라는 **능동적 대리**를 통해서, 그리고 의사표시의 수령이라는 민법전 제164조 제3항의 **수동적**(수령) **대리**를 통해 발생한다.

대리는 민법전 제1311조의 혼인이나 민법전 제2054조의 유언장 작성과 같은 일신전속적 법률행위에 있어서는 불가능하다. 모든 제한적 법률행위를 갖는 자와 완전한 법률행위능력을 가진 자는 대리인이 될 수 있다(민법전 제165조).

대리의 요건은 대리권을 가진 대리인이 피대리인의 이름으로 자신의 의사표시를 표명하는 것이다.

사자(使者)는 대리인이 될 수 없다. 사자는 자신의 의사표시를 행하는 것이 아니라, 단지 타인의 의사표시를 전달하는 자이다.

현명주의(顯名主義, Offenkundigkeitsprinzip) 원칙에 따를 때, 의사표시의 수령자가 타인(행위자)의 이름으로 행위가 행해졌음을 인식할 수 없었던 경우에는 법률효과가 행위자 자신에게 귀속된다(민법전 제164조 제1항 제2문과 제2항).

대리권은 법률행위를 통하여 또는 법률을 통하여 부여될 수 있다. 법률행위를 통하여 부여된 대리권을 임의대리권(Vollmacht)이라고 한다(민법전 제166조 제2항). 예컨대 민법전 제1629조 제1항의 자신의 자녀를 위한 부모, 민법전 제1793조상 그의 피후견인을 위한 후견인, 민법전 제1902조상 피보호자를 위한 보호자 등은 법정대리권(gesetzliche Vertretungsmacht)을 갖는다.

누군가 대리권능없이 다른 사람의 이름으로 어떤 계약을 체결하였다면, 피대리인을 위하거나 피대리인의 이익에 반하는 계약의 효력은 그의 추인에 달려있다(민법전 제177조 제1항). 상대방이 피대리인에게 추인의 의사표시를 촉구한다면, 그 추인의 의사표시는 그 상대방에게만 이루어질 수 있다. 촉구에 앞서 대리인에 대하여 표시된 추인이나 추인의 거절은 효력이 없다(민법전 제177조 제1항 제1문). 추인은 촉구수령 후 2주 경과시까지만 표시될 수 있다. 추인의 의사표시가 없으면 거절된 것으로 간주된다(민법전 제177조 제1항 제2문).

7. 사법에서의 시간 - 기일, 기간, 시효

기일은 어떤 일이 일어나야 하는 특정한 시점이다.

기간은 특정한 또는 특정될 수 있는 시간적 간격이다.[78]

기간의 개시, 진행, 종료의 정의는 민법전 제186조 - 193조에 따른다. 민법전 제186조와 민법 총칙상의 기간에 관한 규정의 위치로부터 그 규정이 원칙적으로 민법 전 영역에 일반적으로 통용된다는 것이 밝혀진다. 기간에 관한 규정의 적용영역은 거의 전체 독일법으로 확대되는바, 이는 민사소송법 제222조 제1항, 행정절차법 제31조 제1항, 행정법원법 제57조 제2항 등과 같은 중요한 법률규정들이 절차적 기간과 행정법적 기간의 계산에 관하여 민법전 제187조 - 제193조를 참조하도록 하고 있기 때문이다.

기간은 법률에서 숫자로 명시될 수도 있는데, 예컨대 민법전 제108조 제2항 제2문에 따른 제한적 법률행위능력자의 거래 추인에 관한 2주의 기간이 이에 해당된다. 또한 기간은 특정할 수 있는 개념으로도 명시될 수 있는데, 예를 들어 '지체없이'라는 용어는 민법전 제121조 제1항에서 '즉시'라고 입법적으로 정의된다.

기간은 청구권과 법적 지위의 발생과 소멸에 관하여, 그리고 발생하여 소멸되지 않은 청구권에 대한 이의나 항변의 사유가 되는 시효 같은 것 등과 관련하여 중요한 의미를 갖는다. 시효는 제척기간과 구분되어야 한다. 시효가, 존재하고 이행가능성 있는 청구권을 지속적으로 거부할 수 있는 권리를 주는 반면, 제척기간에서는 기간의 경과로 그 권리가 소멸된다. 제척기간은 무엇보다 민법전 제124조 제1항의 취소나, 감액, 해제와 같은 형성권에 있어서 볼 수 있다.

---

78) RGZ 120, 355, 362.

시효(Verjährung)는 민법전 제194조 – 제218조에서 규율되고 있다. 민법전 제194조 제1항에 따라 다른 사람에게 작위나 부작위를 요구할 권리(청구권)가 시효에 따른다. 민법전 제214조 제1항에 따라 채무자는 시효의 완성이 있은 후에는 지속적으로 급부를 거절할 수 있다. 민법전 제195조에 따라 통상적인 시효기간은 3년에 이른다. 토지소유권의 이전 및 토지 관련 권리의 발생, 이전 및 폐지 또는 그러한 권리내용의 변경에 관한 청구권과 반대급부에 대한 청구권은 시효가 10년이다. 민법전 제197조에서는 소유권으로부터 나오는 물권적 반환청구권과 같은 청구권이 규정되어 있는데, 이는 시효가 30년이다. 민법전 제199조에 따르면 통상적인 시효기간은 시효의 기산(점)에 관한 다른 규정이 없는 한, 1) 청구권이 성립하고 2) 채권자가 청구권을 발생시킨 사정과 채무자의 신원을 인식하였거나, 중대한 과실이 없었다면 인식하여야 했던 연도의 종료와 함께 개시된다. 민법전 제199조 제2항에 따르면 생명, 신체, 건강이나 자유의 침해에 기하여 발생하는 손해배상청구권은 그것의 성립과 인식 또는 중과실로 인하여 인식하지 못함을 고려함이 없이 가해행위, 의무위반 또는 기타 손해를 야기한 사건이 있은 때로부터 30년으로 시효가 완성된다. 민법전 제199조 제3항에 따르면 기타 손해배상청구권은 1) 인식이나 중과실로 인하여 인식하지 못함을 고려함이 없이 손해배상청구권의 성립으로부터 10년으로 시효가 완성되며 2) 그것의 성립과 인식 또는 중과실로 인하여 인식하지 못함을 고려함이 없이 가해행위, 의무위반 또는 기타 손해를 야기한 사건이 있은 때로부터 30년으로 시효가 완성된다. 민법전 제199조 제3항a에 따르면 상속에 근거하거나, 사망을 이유로 한 처분의 인식을 전제로 하는 청구권은, 인식 또는 중과실로 인하여 인식하지 못함을 고려함이 없이 청구권 성립으로부터 30년으로 시효가 완성된다.

VII

사법에서의 경찰 관련 사례유형(연구)

.

VII. 사법에서의 경찰 관련 사례유형(연구)

이하의 사례들을 상술하는 이유는 사법적 상황들(Privatrechts‒Lagen)[79]을 전문적으로 해결함에 있어서 사법적 소재들을 경찰이 잘 다룰 필요성이 있기 때문이다. 이들 사례에서는 경찰법과 형법 그리고 사법이 서로 만나야 하고, 집행기관인 경찰은 모든 법영역을 일종의 실무적 조화를 기하는 차원에서 합법적으로 조정하여야 한다. 충돌사안들에서 각각의 법영역들은 상세하게 설명되어야 하고, 이를 통하여 충돌되는 각각의 영역이 해결되고, 각각이 최적의 효과를 얻을 수 있도록 모든 법영역에게 경계가 설정되어야 한다.[80]

1. 독일 사법에 있어서의 분리원칙과 무인성(無因性)의 원칙

1.1 예시사례 "배신당하다!?"

출동장소에서 경찰이 자전거의 매수인 K와 매도인 V를 만난다. K와 V는 자전거를 1,000 유로에 파는 매매계약을 체결하

---

79) 경찰업무규정(PDV) 100, 부록 20면에 따른 용어.

80) 참고로 *Hesse*, Grundzüge des Verfassungsrechts der Bundesrepublik Deutschland, Rdnr. 72.

였다. "V는 이로써 (구체적으로 지정된) 자전거를 K에게 인도하고 양도할 의무를 진다. 1,000 유로는 이미 지불되었다." V 스스로도 자신이 K에게 그 자전거를 넘겨 주고 싶은 것인지에 대하여는 더 이상 확신이 서지 않는다. 그래서 그는 인도를 거부하고 반대를 통지한다. V에게 사기의 의도는 없는 것으로 볼 수도 있다. K는 경찰이 그의 자전거 점유취득에 도움을 주지 않았다는 것을 이유로 경찰에 대해 근무감독적 소원을 - 사안에 따라서는 전문감독적 소원[81]을 - 제출한다. 자전거는 마침내 그에게 속하게 되었다. 경찰이 "옆에 서 있으면서도 아무 것도 하지 않는다"는 일이 있어서는 아니된다.

1.2 예시사례의 해결

민법전 제985조에 따라 매수인은 매도인에 대하여 매매목적물의 인도청구권을 갖는다.

민법전 제985조에 따르면 소유권자는 점유자에 대하여 물건의 인도를 요구할 수 있다.

민법전 제854조 이하의 **점유**(Besitz)와 민법전 제930조 이하의 **소유**(Eigentum)는 법적으로 서로 구분되며, 서로 분리될 수 있다. 일반적으로 점유는 사실상의 물적 지배권이며, 소유는 법적인 물적 지배권이다.

물건의 점유는 민법전 제854조에 따라 물건에 대한 사실상의 지배권을 획득함으로써 취득된다.

민법전 제90조에 따를 때 **물건**은 모든 유체물을 말한다.

---

81) 전문감독적 소원은 직무담당자의 행위의 합법성과 합목적성에 관한 행정청의 결정을 목적으로 하는 약식의 권리구제이다. 근무감독적 소원은 직무담당자의 행위에 대한 행정청의 평가를 목적으로 하는 약식의 권리구제이다.

> **Tip** 자전거는 (구획가능한) 유체물이며, 이에 대해 V는 사실상의 물적 지배권을 행사한다. V는 자전거의 (직접)점유자이다. 이 물건은 이미 판매되었고, 아무도 다툴 수 없는 문서의 형식에 의한 계약이 존재하며, 더욱이 K는 이미 매매대금을 모두 지불하였다. 현재 매도인은 매매계약을 내키지 않아 하고 있다. 이러한 유형의 사안들은 사법적 도그마틱에 사로잡혀 있지는 않지만 강한 직감을 갖춘 사람들에 의해 잘못 해결되는 경우가 많다. 어떠한 결정을 앞 둔 경찰관에게 주어지는 이러한 잘못된 정의 관념을 피하기 위해서는, 사법상의 근본원칙 중 2가지를 아는 것이 필요하다: 분리원칙과 무인성의 원칙.

1.2.1 분리원칙

분리원칙(Das Trennungsprinzip)은 의무부담행위와 (의무)이행행위를 구분하고 있다.

의무부담행위(Verpflichtungsgeschäft)는 적어도 어느 한 사람이 다른 사람에 대하여 이행의무를 지는 법률행위이다.

쌍무적 의무부담행위에 관한 예로는 다음과 같은 것이 있다.

- 민법전 제433조 – 제453조의 매매계약: 물건이나 권리의 매도인은 매수인에게 물건을 인도할 의무와 물건의 소유권이나 권리를 넘겨 줄 의무를 부담한다. 매수인은 매도인에게 약정된 매매대금을 지불하여야 할 의무를 부담한다.
- 민법전 제516조 – 제534조의 증여계약: 증여자와 수증자는 증여자의 증여가 무상으로 이루어지도록 할 의무를 부담한다.
- 민법전 제535조 – 제580조의a의 임대차계약: 임대차계약을 통하여 임대인이 지는 의무는 임차인에게 임대물건의 사용을 임대기간 동안 보장하는 것이다. 임대인은 임대물건을 임차인에게 계약에 맞는 사용에 적합한 상태로 인도하여야 하고, 임대기간 동안 이러한 상태를 유지하여야 한다. 그는

임대물건에 근거한 부담을 져야 한다. 임차인이 지는 의무
는 임대인에게 약정된 임차료를 지급하는 것이다.
- 민법전 제598조-제606조의 사용대차계약: 사용대차계약
  을 통하여 대주(貸主)는 차주(借主)에게 목적물을 무상으로
  사용하게 하여야 할 의무를 부담한다.
- 민법전 제611조-제630조의 고용계약: 고용계약을 통하여
  노무의 제공을 약정한 자는 약정된 노무를 이행할 의무를
  부담하며, 그 상대방은 약정된 보수를 지급할 의무를 진다.

[예시]> 고용계약의 예: 노동계약, 유선전화계약, 이동통신계약, 인터넷접속
계약 등.[82]

- 민법전 제631조-제651조의 도급계약(Werkvertrag): 수급인
  (受給人)은 물건의 제조나 변경 또는 노동이나 서비스를
  통한 일의 완성에 대한 의무를 부담한다. 도급인은 약정된
  보수를 지급할 의무를 진다.

[예시]> 도급계약의 예 : 건축, 이미용행위, 청소, 수선.

- 민법전 제651조의a-제651조의m의 여행계약: 여행계약을
  통해서 여행기획자는 여행자에게 여행관련 용역 일체를
  제공할 의무를 부담한다. 여행자가 지는 의무는 여행기획
  자에게 약정된 대금을 지불할 의무를 부담한다.
- 민법전 제662조-제674조의 위임(Auftrag): 위임의 승낙을
  통해 수임인은 위임인로부터 위임받은 사무를 위임인을
  위하여 무상으로 처리할 의무를 진다.

편무적 의무부담행위의 예로는 다음과 같은 것이 있다.
- 민법전 제1922조의 유언과 민법전 제657조의 현상광고:
  광고를 통해 어떤 행위의 완료, 특히 어떤 성과의 달성에

---

82) BGH, 2005.3.23. 판결 - Ⅱ ZR 338/04 = NJW 2005, 2076; BGH,
2013.1.24. 판결 - Ⅲ ZR 98/12.

대한 보수를 지급할 의사표시를 행한 자는 그 행위를 완료한 자에게 그가 보수를 고려함이 없이 그 행위를 한 경우에도 보수를 지급할 의무를 진다.

(의무)**이행행위**는 그 행위를 통하여 의무가 실행되도록 하는 법률행위이다. 이행행위는 처분행위라고도 한다.

처분은 이를 통하여 권리가 직접적으로 폐지, 이전, 변경 또는 제한되는 법률행위이다.

> **예시** ▷ 그 예로는 민법전 제929조에 의한 매매물건, 지폐, 동전의 인도와 양도가 있다.

1.2.2 무인성(無因性)의 원칙

무인성의 원칙(Das Abstraktionsprinzip)은 분리원칙을 기초로 구축되며, 분리원칙에서 한 걸음 더 나아간다. 이에 따르면 의무부담행위와 이행행위의 효력은 엄격히 구분되어야 한다. 어느 하나의 행위의 효력 또는 효력 없음은 다른 행위의 효력에 대해 아무런 직접적 영향도 미치지 못한다.

위에서 제시된 사례에서와 같은 상황에 대하여 이 원칙이 의미하는 것은 민법전 제433조가 의무부담행위, 즉 채권법적 계약을 규범화한다는 것이다. 이에 따라 매도인은 매수인에게 물건을 인도하고 소유권을 이전해 줄 의무를 부담한다. 매수인은 매매대금을 지불하고 물건을 양수할 의무를 부담한다.

민법전 제929조는 소유권 이전에 관한 전형적인 이행행위, 즉 물적 (물권법적) 계약을 규범화한다.

민법전 제929조에 따르면 동산의 소유권 이전을 위하여서는 소유권자가 그 물건을 취득자에게 인도하는 것과, 소유권 양도에 관하여 양자가 합의할 것이 필요하다. 취득자가 물건을 점유하고 있다면, 소유권 이전에 관한 합의는 충분하다.

1.2.3 소유권취득의 전제조건

위에 제시된 사례에 해당하는 **민법전 제929조 제1문**의 전제조건들은 다음과 같다.
- 합의
- 인도
- 인도 시점에서의 합의
- 양도인의 권한

민법전 제929조의 기본사례 외에 민법전 제930조 - 제934조에서도 소유권 취득의 특별사례들이 규율되고 있다.

민법전 제930조에 따르면 - 소유권자가 물건을 점유하고 있다면 - 물건의 인도는 소유권자와 양수인 간의 법률관계(임대차, 사용대차 또는 임치와 같은)에 관한 합의에 의하여 대체되는데, 그로 인해 양수인은 그 물건에 대한 간접점유(민법전 제868조)를 취득한다.

민법전 제931조에 따르면 - 제3자가 물건을 점유하고 있다면 - 물건의 인도는 소유권자가 취득자에게 물건의 인도청구권을 양도함을 통하여 대체된다.

민법전 제932조 제1항은 무권리자로부터의 선의취득 사례를 규율한다. 민법전 제929조에 따른 양도를 통해 권리를 취득한 자는 그 물건이 양도인의 소유에 속하지 않는 경우에도 그가 소유권을 취득하는 시점에서 선의였던 경우에는 소유권자가 된다. 민법전 제932조 제2항에 따르면 그 물건이 양도인에게 속하지 않는다는 것을 그가 알고 있거나 중과실로 알지 못하는 경우에는 권리를 취득한 자의 선의는 인정되지 않는다. 거래에서 요구되는 주의의무를 매우 높은 정도로 위반하고, 누구에게나 분명한 것을 고려하지 않는다면, 그것은 중과실로 행동한 것이 된다.

1.2.4 소유자와 점유자 관계의 존재확인

예시사례에서는 민법전 제929조에서 나오는 소유권 이전의 전제조건들이 존재하지 않는다. 소유권 이전에 관한 합의도, 매매물건의 인도도 이루어지지 않았다. 예시사례에서의 결론은, V가 소유권 이전의 의무를 부담함에도 불구하고 K는 여전히 소유권자가 되지 않는다는 것과, 아울러 민법전 제985조 상의 점유자에 대하여 소유권에 기한 인도청구권도 갖지 않는다는 것이다.

(물론) K는 V에 대하여 민법전 제433조 제1문으로부터 물건의 인도와 소유권의 양도청구권을 가진다.

V와 K는 매매계약에서 명확한 문리적 내용에 따라 단지 쌍무적인 의무부담을 발생시키고 있는 바, K는 그의 의무를 매매대금의 지급을 통해 이미 이행하고 있다. V는 인도와 양도에 관하여 의무를 지고 있기는 하지만, 인도와 양도에 관한 합의의 결여로 여전히 소유권자이며 그 자체로 자전거를 보유할 권한을 갖는다.

K는 통상적인 권리구제를 구법원에(5,000 유로를 넘지 않는 소송가액) 다투어야 하는데, 어쨌거나 이러한 인도 소송을 통해서 자전거를 손에 넣을 수도 있다.

이 경우 K는 V에 대해 인도와 양도에 관한 집행가능한 명의를 얻어낼 수 있다. V가 집행력 있는 명의에도 불구하고 이를 거절한다면, 민사소송법 제894조에 따라 그의 양도의 합의에 관한 의사표시가 있는 것으로 의제되며, 인도는 집행관을 통해 – 경우에 따라서는 경찰의 조력으로 – 집행될 것이다.

1.3 소　결

경찰은 법적 상황과 권리구제(방법)에 대한 설명을 해주어야 한다. 증거능력 있는 경찰의 상황보고서가 만들어질 수 있다. 그

외에 통상 소유자의 지위를 침해하는 (경찰) 조치는 적시되고 있지 않다.

도대체 누구를 소유자로 보아야 하는 지의 문제에 있어 중요한 것은, 민법전 제935조의 규정이다. 이에 따르면 물건이 소유자로부터 절취한 것이거나, 잃어버린 것이거나, 기타 없어진 것인 경우에는, 소유권의 선의취득은 민법전 제932조－제934조에 근거하여 배제된다. 다만 금전이나, 무기명 증권이거나, 공매에서 매각된 물건인 경우에는 그러하지 아니하다.

2. 교통사고와 결과

2.1 예시사례 "손해, 교통사고 - 이제 어떻게?"

교통사고의 당사자들과 증인이 사고장소에 도착한 경찰에게 다음과 같이 사실관계를 진술한다. 승용차의 여성운전자 F는 좌회전에 앞서 혹시 자신보다 우선권을 가진 자에게 선행권을 보장하여야 하는지를 확인하기 위해 교차로에 자신의 차량을 정지시켰다. 같은 시각 자전거를 탄 8살 어린이 K가 F의 시야 왼편으로부터 F가 승용차를 정지시키고 있던 도로로 우회전하여 들어오려고 교차로에 접근하였다. K는 처음에는 노견에 있는 2미터 높이의 덤불 때문에 교차로에 몇 초 전부터 정지하고 있던 F의 승용차를 볼 수 없었으나, 교차로에 접근하면서 최소한 20미터 전방에서는 그를 명확하게 인식할 수 있었다. 하지만 K는 과속과 부주의로 차량을 보지 못하고 정지하고 있던 F의 승용차 앞쪽을 들이받았다.[83] F의 승용차에 1,500 유로의 물적 손해가 발생하였다. K의 자전거 수리비용은 300 유로에 달하였다. 이 사고의 양 상대방은 서로 손해배상을 요구한다. F는 오래전부터 잘 알려진 원칙, 즉 "들이받은 자가 잘못이다."라는 원칙에 기하여 손해배상을 청구한다. 이 외에 그녀는 신중을 기하기 위해 사고장소에서 범칙금 납부를 거부했는데, 이는 범칙금의 납부가 자신의 책임을 인정하는 것을 뜻할 수 있기 때문이다. 더욱이 그녀는 사고가 그녀에게 법적으로 무엇을 의미하는지를 경찰관으로부터 알고자 한다. 어쨌든 간에 경찰은 결국 "늘" 사고들을 접수해야 한다는 것을 알고 있어야 한다.

2.2 예시사례의 해결

2.2.1 도로교통법에 있어서의 책임

2.2.1.1 보유자 책임

도로교통법 제7조는 독일 사법에서 실무적으로 가장 중요한 위험책임을 규정하고 있으며, 보유자를 그 대상으로 한다. 위험책임은 사법에서 원칙적으로 적용되는 과실책임 원칙의 예외적 책임이다.

위험책임(Gefährdungshaftung)은 고의나 과실의 유무와는 상관없이 성립하는 위험야기자의 책임이다. 즉 위험책임은 위험이 실현되어 우연히 손해를 입은 자가, 위험하기는 하지만 사회적으로 유용하고 보험에 가입될 수 있어서 법질서 자체에 의하여 허용되고 있는 행위로 인하여 야기된 손해에 대해 감수하는 책임과는 다르다.[84]

도로교통법 제7조 제1항에 따르면 보유자는 어떤 자동차 또는 그 자동차에 의해 함께 운행되는 연결차량의 운행에 있어 사람이 죽거나, 사람의 신체나 건강이 침해되거나, 또는 물건이 손상됨으

---

83) 사례구성은 BGH, Urteil vom 17.04.2007 – ⅤⅠ ZR 109/06.

84) BGHZ 105, 65 f.: "허용된 리스크(역주: Risko = 주관적 위험 내지 부정적 확률)를 위한 희생"

로 인하여 발생한 손해를 피해자에게 배상할 책임이 있다.

도로교통법 제7조 제2항에 따르면 사고가 불가항력에 의해 야기된 경우에는 배상책임은 면제된다.

도로교통법 제7조 제3항에 따르면 어떤 자동차를 그 자동차 보유자의 동의없이 사용하는 자는 보유자를 대신하여 손해배상의 의무를 진다. 이와 별도로 자동차의 보유자는 자동차의 사용이 자신의 고의 또는 과실에 기하여 가능하게 된 경우에는 배상책임을 진다. 사용자가 자동차의 보유자에 의해 자동차의 운행을 위해 고용되어 있거나, 보유자가 자동차를 그에게 맡긴 경우에는 (앞의) 제1문은 적용되지 않는다. 제1문과 제2문은 연결차량의 사용시에도 준용된다.

선로에 묶여있지 않으면서 기계의 힘으로 움직여지는 육상차량들이 도로교통법 제1조 제2항의 의미에서의 **자동차**로 간주된다.

보유자(Halter)란 자동차에 대한 실질적인 처분권을 가지고 그 자동차를 자기의 책임 하에 사용하는 자이다.[85]

자동차의 운행이 (손해발생의) 원인이었으며, 자동차의 전형적인 운행위험이 실현된 경우에 도로교통법 제7조 제1항의 의미에서의 **자동차 운행**에 있어서 손해가 발생한다. 교통공학에서의 지배적인 견해에 따르면 공공적 교통영역에서 움직이고 있거나 교통에 영향을 주는 방식으로 정지 중인 모든 차량이 '운행 중'인 것이 된다.[86]

도로교통법 제7조 제2항의 의미에서의 **불가항력**이란 통상적이지 않은, 운행과는 상관없는, 자연력 또는 제3자의 행위에 의하여 초래되는 외부적 사건을 말한다. 이것은 인간의 통찰이나 경험에 비추어 예견하기 힘든 것이며, 경제적으로 감당할 수 있는 재

---

85) RGZ 17, 175; BGHZ 13, 351.
86) BGHZ 29, 163.

원을 들여 극도의 주의를 기울여도 예방될 수 없고, 그의 빈번한 발생으로 인해 감수할 수도 없는 것을 말한다.[87] 신 도로교통법 제7조 제2항에서의 불가항력의 개념은 제2차 손해법 개정법률을 통해 구 도로교통법 제7조 제2항에서의 불가피한 사건이라는 개념을 대체하였는데, 이는 어린이들이 느닷없이 도로에 뛰어 들어 자동차 사고로 이어지는 경우, 그것을 더 이상 자동차 운전자의 책임을 배제하는 불가피한 사건에 포함되어지지 않도록 함으로써 어린이를 더 강력하게 보호하려는 것이었다. 아울러 불가항력은 자동차나 자동차 도로의 하자에 있어서 존재하는 것이 아니라, 산사태와 같은 외부로부터 오는 자연력이나 투석과 같은 제3자의 행위에 있어서 존재한다.

도로교통법 제7조의 **위험책임이 적용되지 않는 예외**는 도로교통법 제8조에서 나온다. 이에 의하면 도로교통법 제7조의 규정은 적용되지 않는 경우는 다음과 같다.

1) 평평한 길에서 시속 20킬로미터 이상으로 달릴 수 없는 자동차 또는 사고시점에 이러한 자동차의 연결차량에 의해 사고가 난 경우.

2) 피해자가 자동차나 연결차량의 운행에 종사하고 있었던 경우.

3) 자동차나 연결차량을 통해 운송되고 있었던 물건이 손상을 입은 경우. 여객이 그 물건을 스스로 운반하거나 그를 소지하고 있는 경우에는 그러하지 아니하다.

유상의, 영업적 여객운송의 경우 도로교통법 제8조의a에 의하여 여객의 사망이나 부상에 대하여는 도로교통법 제7조에 따라 그 손해를 배상할 (운전자가 아닌) 보유자의 책임은 배제되거나 제한될

---

87) BGHZ 7, 338 f.

수 있다. 즉, (별도의) 계약에 의한 책임의 배제나 제한은 무상이거나 비영업적인 여객운송에 있어서만 행해질 수 있다.

2.2.1.2 자동차 운전자의 책임

도로교통법 제18조는 자동차 운전자 책임의 전제요건들을 규정하고 있으며, 이는 운전자의 고의 또는 과실의 추정을 전제로 하는 책임이다. 법률에 의한 고의 또는 과실의 추정은 실제에 있어서는 증명책임의 전환(Beweislastumkehr)으로 이어진다. 도로교통법 제7조에 따른 위험책임제도에 따라야 하는 보유자와 달리, 자동차 운전자는 손해가 그의 고의 또는 과실을 통해 야기되지 않았다는 것을 설명하거나 증명하는 경우에는 면책된다(도로교통법 제18조 제1항 제2문 참조).

도로교통법 제18조 제1항에 따르면 도로교통법 제7조 제1항의 경우에 자동차나 연결차량의 운전자도 도로교통법 제8조 이하 제15조까지의 규정에 따라(그리고 제16조와 제17조에 준하여) 손해배상책임을 부담한다. 손해가 운전자의 고의 또는 과실을 통해 야기되지 않는 경우에는 배상책임이 배제된다.

2.2.1.3 다수의 원인자 책임

도로교통법 제17조 제1항은 관련된 보유자들의 원인 야기로 인하여 다른 사고 관련자가 손해를 입은 경우에 있어서의 (관련된 보유자들 사이의) 민법전 제426조에 따른 **연대채무자의 내부구상** (Gesamtschuldnerinnenausgleich)에 관한 특별규율이다. 도로교통법 제17조 제2항은 보유자들 또는 운전자들 간의 외부적 관계에서의 책임을 규율하는데, 이들은 도로교통법 제17조 제1항에서와 같이 제3자들이 아니고, 상호간에 손해를 끼친 경우이다. 양 사고 관련자들이 도로교통법으로 규율된다면, 즉 자동차의 보유자 또는 운전자라면 도로교통법 제17조 제2항이 적용된다. 이에 따르면 양 자동차의 운행위험 및 기타 객관적으로 위험을 높이는 사정들이 형량되어야 한다. 어느 일방에 더 중대한 교통위반이 존재하지 않는 한, 손해를 입은 쪽도 통상 최소한 자기 차량의 일반적인 운행 상의 위험을 고려하여야 하는데, 이 위험은 추가적으로 기술적 결함이나 교통법규위반과 같은 특별한 사정으로 인하여 높아질 수 있다.

어떤 손해가 다수의 자동차에 의해 야기되고 관련된 차량보유자가 제3자에 대해 법률상 손해배상의 의무를 진다면, 도로교통법 제17조 제1항에 따를 때 자동차 보유자 상호간의 관계에서 배상의 의무부담 및 배상의 범위는 특히 그 손해가 주로 양 당사자 중 어느 쪽에 의하여 야기된 것인지와 같은 사정에 달려 있다. 도로교통법 제17조 제2항에 따르면, 이는 손해가 관련된 자동차 보유자 중 한 명에게 발생한 경우에 있어서 자동차 보유자 상호간의 책임에 관하여도 적용된다. 그러나 사고가 자동차 차량상태의 결함이나 정비실패에 기인하지 않은 불가피한 사건에 의하여 야기된 경우에는, 도로교통법 제17조 제3항 제1문에 따라 배상책임은 배제된다. 도로교통법 제17조 제3항 제2문에 따를 때, 보유자 뿐만 아니라 자동차 운전자가 그 상황에 따라 요구되는 모든 주의를 기울인 경우에만 '불가피한 사건'으로 간주된다. 이처럼 배상책임의 배제는 도로교통법 제17조 제3항 제3문에 따라 자동차의 보유자가 아닌 소유자에 대한 배상의무에 관하여도 적용된다. 도로교통법 제17조의 규정들은 도로교통법 제17조 제6항에 따라 손해가 자동차와 연결차량에 의하여, 자동차와 동물에 의하여 또는 자동차와 철로에 의하여 야기된 경우에도 준용된다.

도로교통법 제17조 제3항은 도로교통법 제7조 제2항과 달리 여전히 **불가피한 사건**이라는 개념을 사용한다. 여기서 '불가피한'

이란 평균 이상의 운전자들이 가능한 극도의 주의를 기울이는 것에 의해서도 피할 수 없는 경우를 말한다. 한편 가능한 극도의 주의란 통상적인 기준을 넘는 사리에 맞고 침착한 행위를 통해 특징지어진다.[88] 타인의 잘못을 포함한 모든 위험순간을 고려하는 것이 극도의 주의에 속한다.

도로교통법 제17조 제2항은 차별적인 책임을 피하기 위한 청구권의 근거에 적용된다. 도로교통법 제7조와 제128조에서 나오는 도로교통법상의 위험책임과 유책성 추정책임 외에, 형법 제229조와 연결된 민법전 제823조 제1항 및 제2항과 같은 **유책적 책임** 등이 청구권의 근거가 될 수 있다.

도로교통법 제16조는 보유자 책임 외에 다른 책임들이 성립될 수 있음을 분명하게 규정하고 있다. 이것은 도로교통법 제12조와 제12조의a에 따른 **책임의 상한**을 넘는 경우와 도로교통법 제15조 제1문에 따른 **통지의무** 위반의 경우에 실질적 의미를 갖는다. 한편 도로교통법 제15조 제1문은 배상받을 권한 있는 자가 (발생한) 손해와 배상책임자를 알게 된 때로부터 늦어도 2개월 내에 배상책임자에게 이를 알리지 않을 경우 도로교통법에 의해 그에게 귀속되는 권리를 상실하게 된다는 것을 규율하고 있다. 배상받을 권한 있는 자가 주장할 필요가 없는 사정으로 인해 통지가 행해지지 않고 있거나, 배상책임자가 2개월 내에 다른 방식으로 사고를 인식하였던 경우에는, 배상청구권은 상실되지 않는다.

2.2.1.4 책임의 내용, 유형과 범위

도로교통법에 따른 **책임의 내용, 유형 및 범위**는 도로교통법 제10조(사망에 있어서 배상의무의 범위), 제11조(신체상해에 있어서 배상의무의 범위), 제12조(상한액), 제12조의a(위험한 재화의 운송에 있어서

---

88) BGH, NJW 1991, 1171.

의 상한액), 제12조의b(무한궤도 장갑차량의 운행에 있어서 상한액의 비적용가능성), 제13조(금전연금) 등을 통하여 규율된다.

어떤 **물건의 손상**에 있어서 손해배상의 내용, 유형 및 범위에 관하여 도로교통법에 규정이 없다면 민법전 제249조 이하가 적용될 수 있다.

청구인은 도로교통법 상의 자동차의 보유자나 운전자이고, 청구의 상대방은 자동차의 운전자나 보유자가 아닌 경우(예컨대 보행자나 자전거 운행자 또는 승마자 등이 이에 해당한다)에는, 도로교통법 제9조의 **공동과실**에 관한 규정이 적용된다.

도로교통법 제9조는 다음과 같이 규정하고 있다. 손해발생에 피해자의 유책성이 함께 작용하였다면, 물적 손상의 경우 물건에 대한 사실상의 지배권을 행사하는 자의 유책성이 피해자의 유책성과 동일하다는 전제 하에, 민법 제254조의 규정이 적용된다.

손해발생에 피해자의 유책성이 함께 작용하였다면, 민법전 제254조 제1항에 따를 때 배상의 의무부담과 수행하여야 할 배상의 범위는 여러 사정, 특히 손해가 양 당사자 중 어느 쪽에 의해 주로 야기되었는지에 달려있다. 이는 민법전 제254조 제2항 제1문에 따를 때 피해자의 유책성이 피해자가 가해자가 알지도 못했고 또 알아야 할 필요도 없는 비정상적인 높은 손해가 발생할 위험이 있다는 것을 가해자에게 알려주지 않았거나, 또는 손해를 방지하거나 손해를 줄이려고 하지 않았던 것에 국한되는 경우에도 적용된다.

보험계약법 제115조 제1항 제1문에 따를 때, 의무보험법에 따른 가입강제를 확보하기 위한 책임보험이 대상이 되는 경우 피해자는 그의 손해배상청구권을 직접 보험회사에 주장하여도 된다.

의무보험법 제1조에 따라 ─ 자동차가 공로나 공공장소(도로교통법 제1조)에서 사용되는 경우 ─ 국내에 차고지를 가진 자동차나 연결차량의 보유자는 자신, 소유자 및 운전자를 위하여 자동차의 사용으로 인하여 야기된 인적 피해, 물적 피해 기타 재산적 피해의 회복을 위한 책임보험(계약)을 동법의 규정들에 따라 체결하고 유지하여야 할 의무를 갖는다.

2.2.2 도로교통에 있어서 책임능력

예시사례 그의 기초가 되는 책임능력의 문제에 관하여:

한 사람에 의한 어떤 **결과의 사실상의 외부적인 야기**와, 유책성 즉 민법전 제276조, 제827조 이하에 따른 사람의 **사법상의 책임능력**은 분리하여 고찰되어야 한다. 책임능력은 종국적으로 사고 당사자들의 사법적인 쌍방적 청구권에 관하여 결정할 수 있다. 한 어린이가 사실상 어떤 결과를 야기하였다는 것과 미성년자에 관하여 민법 제828조에서 규율하는 유책성은 서로 구분된다. 이것은 또한 어린이가 경찰의 사고통지에 있어 일련번호 '관련자 01'(역주: 사고야기자, Beteiligter 01)에 해당하는 관련자로서 다루어져도 된다는 것을 의미한다. 실무에 있어서 - 때때로 사고의 원인이 누구에게 귀속되는지와 상관없이 일련번호가 부여된다는 언급에도 불구하고 - 일견하기에 교통사고에 관한 본질적인 원인, 즉 주된 원인을 야기한 사람이 01로서 취급된다.

미성년자의 책임에 관하여는 민법전 제828조가 고찰 대상으로서 우선 언급되어야 한다.

> [**Tip**] > 민법전 제823조 - 미성년자

(1) 7세 미만의 사람은 타인에게 가한 손해에 대하여 책임이 없다.

(2) 7세 이상 10세 미만의 사람은 자동차, 궤도차 또는 현수차(역주: 매달려가는 트램) 사고로 인하여 타인에게 가한 손해에 대하여 책임이 없다. 그러나 그러한 손해를 고의로 유발한 때에는 그러하지 아니하다.

(3) 제1항 또는 제2항에 의하여 책임이 배제되지 아니하는 18세 미만의 사람이 가해행위 당시에 책임을 인식함에 필요한 판단력을 갖지 못

한 경우에는, 그는 타인에게 가한 손해에 대하여 책임을 지지 아니 한다.

예시사례의 경우 민법전 제823조 제1항에 따라 F에게는 허가 되지 않은 행동을 행한 K에 대한 1,500 유로의 손해배상청구권이 귀속될 수 있다.

상당인과관계가 있고 승용차 손상으로 인한 정당화될 수 없 는 재산권 침해가 존재한다. K가 유책성있게 행동하였는지에 대하 여는 의문이 있다. 부주의가 과실책임의 비난가능성에 대한 근거 가 될 수 있다.

유책적 행동이 있었다는 것이 인정되기 위해서는 행위의 시점에 서 K에게 책임능력이 있어야 한다. **책임능력**(Verschuldensfähigkeit)은 민법전 제828조에 따르게 되는 바, 이는 K가 사고 시점에 8세였기 때 문이다.

민법전 제828조 제3항에 따라 7세에서 18세 사이의 미성년자 들은 손해에 대하여 책임이 있다. 이들이 불법행위를 행함에 있어 책임성 인식을 위하여 필요한 통찰력을 갖지 못한 경우라면 그러 하지 아니하다. 인식이 결여되어 있다는 것을 인정할 실질적 근거 가 존재하지 않으므로, K가 통찰력이 있다는 것에서 출발하여야 한다.

민법전 제828조 제2항에 따를 때, 7세에서 10세 사이의 미성 년자들은 자동차 사고로 인하여 다른 당사자에게 가한 손해에 관 하여 책임이 없다. 다만 그들이 고의적으로 행동한 경우에는 그러 하지 아니하다.

예시사례에서는 K가 고의없이 행한 자동차 사고가 문제되었 다. 그러나 연방최고법원은 2005년 (면책)특권이 인정되는 연령그 룹에 해당하는 어린이들이 킥보드로 적법하게 주차된 자동차를 들이받아 이를 손상시켰던 사례들에 있어서 **민법전 제828조 제2항**

을 목적론적으로 축소해석하였다. 연방최고법원은 "그의 의미와 목적에 따를 때 민법전 제828조 제2항은 어린이에게 특히 과도한 요구 상황이 자동차 도로교통에 특화된 위험을 통해 현실화하는 경우에만 적용된다"고 설명하고 있다.

"즉, 입법자는 제828조 제2항의 도입에 있어 만 10세 미만의 어린이들에게 자동차 도로교통의 특별한 위험을 인식하게 하는 것, 특히 다른 교통참가자들과의 거리나 속도를 제대로 평가하고, 그러한 위험에 상응하여 행동할 것을 요구하는 것은 일반적으로 과도한 것이라는 점을 고려했다는 것이다. 그러나 입법자는 불법행위능력의 엄격화를 자동차 도로교통이나 선로교통에서 갑자기 발생하는 손해에만 국한시키고자 했는데, 이 경우에 있어서는 예를 들어 거리를 제대로 평가할 수 없는 것과 같은 어린이의 연령에 따른 미성숙이 고려되었다. 왜냐하면 어린이는 속도, 복잡성, 그리고 자동차 교통에 있어서 사건의 진행에 대한 이해가 부족하므로 특별히 과도한 것을 요구받는 것이 되기 때문이다."[89]

위법하게 주차되어 있는 승용차로 인한 사고들에 있어서는 (위의 축소해석과) 다르게 판시하였는바, 2009년 자르브뤼켄 지방법원 사건이 그러하다. 동 법원의 판결에 따르면 위법하게 왼편에 주차된 승용차로 인한 사고가, 9살 된 자전거 운전자에게 교통에 특화된 과도한 요구상황임이 인정되었다.[90] (반면) 이러한 배경을 전제하면 우리는 위 예시사례에서 교통에 특화된 과도한 요구상황을 부정할 수 있는데, 왜냐하면 승용차가 위법하게 주차되어 있지 않았기 때문이다.

---

89) BGH, Urteil vom 14.06.2005 - VI ZR 181/04 = BGH,NJW 2005, 354 = BGH, VersR 2005, 1154, 1155.

90) LG Saarbrücken, Urteil vom 20.09.2009 - 13 S 133/09 = NJW 2010, 944.

그러나 2007년 연방최고법원은 이 예시사례에서 다음과 같이 판결하였다: "자동차 교통에 있어서 전형적인 위험은 소통이 정상적으로 이루어지고 있는 도로상에서 정지하여 도로 위의 어린이에게 갑작스런 장애물이 되는 자동차로부터 나올 수 있는데, 어린이가 이를 고려할 수는 없었을 것이다. 이러한 분쟁사안은 적법하게 주차되어있는 자동차와 충돌한 사안들과는 비교될 수 없다."[91]

> Tip > **F의 손해배상청구에 관한 정리** : 불법행위에 기한 손해배상청구권은 K의 유책성 결여로 F에게 귀속되지 않는다. F의 유책성 결여로 K의 자전거 수리비용 배상 청구권은 단지 도로교통법 제7조 제1항의 자동차 소유자의 위험책임으로부터만 고려된다. 일단 F의 자동차 운행 중 K에게 손해가 발생하였다. 도로교통법 제7조 제2항에 따른 불가항력이라는 (책임)배제의 근거는 F에게 존재하지 않는다. 왜냐하면 외부적인, 자연력으로 인해 야기된, 자동차의 운행과 무관한 어떤 사건도 존재하지 않기 때문이다. 이러한 사건들은 인력으로는 예견할 수 없고, 그의 빈도를 감안하면 감수될 필요도 없는 것을 말한다. 유책성이 결여되어 있으므로 민법전 제828조 제2항에 따라 K에게는 공동유책성이 귀속될 수 없다. 따라서 K는 최고액의 손해배상을 요구할 수 있다. 전체 결론: K는 300 유로의 수리비용 전부에 대한 손해배상청구권을 갖는다. F는 1,500 유로의 손해배상을 청구할 수 없다.

결론: 우리가 승용차로 교차로나 도로의 합류지점에 주의깊게 멈추어 섰다 하더라도, 주의력이 부족한 7~8세 또는 9세의 아이가 그 곳을 급히 지나치는 것을 막아서고, 그것이 사고로 이어지게 되면, 자동차 소유자 홀로 손해 전부에 대한 책임을 부담한다.

2.2.3 표현증명

사적 당사자들간의 증명책임의 분배는 다음과 같이 규율된다. 원칙적으로 각 당사자는 자신에게 유리한 사실의 존재를 주장하고 증명하여야 한다. 각 당사자는 자신에게 유리한 법규범의 존재

---

91) BGH, Urteil vom 17.04.2007 - Ⅵ ZR 109/06 = BGH NJW 2007, 2113.

에 관한 증명책임을 진다.[92] '**표현증명**(Anscheinsbeweis)'이나 '외관
상 일견 명백함에 의한 증명' 또는 '일응의 추정'은 증명책임을 완
화하는 것이다.[93] 표현증명이란 특정한 사정들로부터, 생활경험에
따를 때 그러한 사정들과 정형적으로[94] 함께 존재하는 사실을 추
론하는 것이다. 의무위반, 원인 또는 결과 등에 관하여 증명된 부
분적 사실 및 이에 관한 경험법칙들은, 아직 증명되지 않고 주장
되고 있는 부분적 사실관계에 대한 법관의 확신을 발생시킬 수 있
어야 한다.[95] 표현증명을 통해 증명책임을 갖게 되는 당사자에게
는 다시금 생활경험에 따른 정형적인 사건의 경과에 의문을 제기
하고, 표현증명 자체의 효력을 부정하는 사실을 주장할 책임이 인
정된다. 표현증명을 통하여 증명책임을 부담하는 자가 사건의 경
과가 그와 달리 진행될 수 있는 가능성이 도출된다는 사실을 주장
하고 증명하는 경우에 표현증명의 효력이 부정된다.[96] 말하자면
어떤 사고로 이어지는 사실이 다투어지는 경우에는, 더 이상 표현
증명으로부터 직접 논의가 출발할 수는 없다는 것이다.[97]

　　독일 민사법원은 실무상으로 도로교통상의 **충돌사고들**에 있
어서 표현증명을 사용하고 있다.[98] 가해자의 유책성 증명에 관하

---

92) *Leo Rosenberg*에 따른 로젠베르크의 증명책임의 공식: 민사소송법과
　　민법전에 따른 입증부담(*Leo Rosenberg*/오석락(역), 입증책임론, 박영
　　사, 1995)
93) 표현증명에 관하여 교육적인 자료는: *Nugel*, NJW 2013, 196 – 198.
94) BGH, NJW 1998, 79; BGH, NJW 2004, 3623: "일상적이고 통상적인 것
　　의 특징".
95) BGH, NJW 1998, 79 ff.
96) BGH, NJW – RR 2010, 1331.
97) BGHZ, 192, 84 = NJW 2012, 608.
98) OLG Hamm, Urteil vom 31.01.1972 – 13 U 140/71 = OLG Hamm,
　　VersR 1972, 1033; OLG Celle, VersR 1974, 496; OLG Düsseldorf,
　　VersR 1975, 956 f.

여 도움을 주는 것은 피해 차량의 운전자가 부주의하였거나, 도로
교통에 있어 필수적으로 요구되는 차량 간의 간격을 유지하지 않
았거나 또는 과속을 함으로써 정형적으로 도로교통에서 요구되는
주의를 소홀히 하였다는 등의 경험법칙이다. 가해자가 사건의 경
과가 (표현증명된 것과는) 달리 진행되었을 가능성, 예를 들면 다른
사람의 후진이나 차선변경과 같은 것을 주장하는 경우에는 가해
자의 유책성에 관한 표현증명이 더 이상 원용될 수 없다.

> **Tip** ➤ 유책성에 관한 도로교통상의 표현증명은 사고에 있어서 통상 다음
의 개념들과 함께 존속한다: 즉, 장애물,[99] 대기의무가 있는 자동
차,[100] 토지로부터 나오는 자동차,[101] 좌회전 차량,[102] 추월과정에
있어서 선행하는 자동차,[103] (좌회전) 방향전환에 있어서 왼편으로
추월하는 차량이나 맞은 편에서 오는 차량,[104] 선행차량[105] 등이
다. 그러나 선행차량의 무단 정지[106]와 사고 직전에 선행차량의 차
선변경의 가능성[107] 및 고속도로에의 진입 기타 비정형적 발생경
과[108] 등의 경우에 있어서 후행차량에 대하여는 표현증명이 적용
되지 않는다. 표현증명은 음주운전과 같은 절대적 불량운전이 사고
의 원인이 된다는 것에도 적용된다.[109]

99) BGH, NJW 1953, 584; BGH, NJW-RR 1989, 670; BGH, NJW 2005, 1351.
100) BGH, Urteil vom 15.06.1982 - Ⅵ ZR 118/82= NJW 1982,2668.
101) KG Berlin, Urteil vom 27.11.2006 - 12 U 181/06 = KG VerR 2008, 507.
102) BGH, Urteil vom 13.02.2007 - Ⅵ ZR 58/06 = NZV 2007, 321.
103) BGH, Urteil vom 26.11.1974 - Ⅵ ZR 10/74 = VersR 1975, 331.
104) BGH, Urteil vom 13.02.2007 - Ⅵ ZR 58/06 = NJW-RR 2007, 1077.
105) BGH, Urteil vom 16.01.2007 - Ⅵ ZR 248/05 = NJW-RR 2007, 680.
106) OLG KöLN, DAR 1995, 485.
107) KG Berlin, Urteil vom 14.05.2007 - 12 U 194/06 = NZV 2008, 198.
108) KG Berlin, Urteil vom 04.06.2007 - 12 U 208/06 = NZV 2008, 197.
109) BGH, Urteil vom 10.01.1995 - Ⅵ ZR 247, 94 = NJW 1995, 1029.

2.2.4 사고장소에서의 승인

다른 당사자에게 채무를 약속해 주거나 채무를 승인해 주는 것이 법적으로 가능하다. 그래서 예를 들어 은행을 통한 계좌입금(Gutschrift)은 수취인에 대한 추상적인 채무약속이 된다.[110] 원칙적으로 민법전 제780조, 제781조에 따른 채무약속과 채무승인은 민법전 제126조에 따라 문서의 형식으로 행해져야 한다. 채무약속이나 채무승인이 상법전 제350조에 따른 상행위(Handelsgeschäft)이고, 그것이 상인의 영업에 속하는 경우에는 상법전 제350조에 의해 문서의 형식을 취할 필요가 없다.

그의 발생 근거가 되는 채권과 독립하여 존속하기 때문에 채권자가 더 이상 유효한 인과관계를 증명할 필요가 없고, 채권자의 채권이 단지 채무약속이나 채무승인에 근거한 것으로서 그의 채권이 절차적으로 관철될 수 있는 경우의 채무약속과 채무승인은 '추상적'인 것이 된다.

만일 인과관계가 유효하지 않거나 존재하지 않는다면, 다시 말하면 채무자가 채무약속이나 채무승인에 법적 근거가 없음을 증명하거나 채무약속이나 채무승인을 행할 당시에 자신이 채무를 이행할 의무가 없다는 것을 인식하지 못한 경우에는, 민법전 제812조-제822조의 부당이득에 관한 규율에 따라 채무약속이나 채무승인에 기초하여 지급한 금전의 반환을 청구할 수 있다. 이에 관하여는 민법전 제814조를 참조하기를 바란다.

기존에 존속하는 채무관계나 그것의 일부를 명확하게 하기 위하여 채무승인이 행하여지는 경우에는, 인과적이면서 추상적이지 않은 채무승인이 존재한다. 인과적인 채무승인은 단지 이미 존재하는 채무관계를 보충할 뿐이며, 추상적 채무승인과 달리 아무

---

110) BGHZ, 103, 143, 146.

런 독자적인 청구권을 만들어내지 못한다.

　인과적 채무승인(kausales Schuldanerkenntnis)은 대개 다음과 같이 해석된다. 즉, 채무자는 채무승인을 행할 당시에 알고 있었던 (기존의 채무관계에 기초한) 자신에게 유리한 항변과 이의제기를 잃어버리게 된다. 의문이 있는 경우에는 추상적 채무승인(abstraktes Schuldanerkenntnis)이 아니라 인과적 채무승인을 근거로 하여야 하는데, 이는 추상적 채무승인이 이를 행하는 자에게 불리하기 때문이다. 이미 존재하는 권리관계에 관한 의사표시의 해석에 있어서는 표준적이고, 객관화된 수령자의 시각에 의하여 해석되어야 할 표의자의 의지에 따른 모든 의사표시를 채무승인이라고 해서는 안되며, 법적 구속의사가 결여된 경우는 종종 단순한 인식표시라고 하여야 한다는 점이 고려되어야 한다. 한편 이 경우 인식표시는 민사소송법 제286조에 따른 증명가치와 관련하여 적절히 평가되어야 한다. 판례 또한 사고 현장에서의 진술을 판단함에 있어 이를 성급하게 채무승인으로 볼 것이 아니라, 오히려 증명싸움에 사용될 수 있는 사고 과정에 대한 진술로 이해하여야 한다고 한다.[111] 사고 현장에서 당사자들의 특별한 동기와 특별한 협의가 있을 때에만 인과적인 채무승인이 존재할 수 있고, 그로 인하여 채무승인을 행한 표의자도 채무승인을 할 당시에 알고 있었던 항변만을 포기하게 된다. 사고 현장에서의 벌금 납부 또한 채무승인이 아니다.

2.3 소 결

　특히 다음의 경찰적 조치들이 고려될 수 있다:
　− 사고과정의 사실관계를 접수하는 것, 사정에 따라서는 어

---

111) BGH, NJW 1984, 799.

린이를 '사고관련자 01'로서.

- 질서위반법 제12조 제1항에 따를 때 어린이에 대해서는 벌금 등을 과할 수 없다. 어떤 행위를 행할 당시에 아직 14세가 되지 않은 자에 대한 비난은 가능하지 않다. 청소년(14~17세)도 단지 소년법원법 제3조 제1문의 전제 하에서만 비난가능하다. 소년법원법 제3조 제1문은 다음과 같이 규정하고 있다: 청소년은 행위 당시 그의 도덕적 그리고 정신적 발달정도에 따를 때, 그가 행위의 불법을 인식하고 그에 따라 행위할 만큼 충분히 성숙한 경우에만 형법적으로 책임이 있다.

- 사고참가자들에게 사고발생과 범칙금의 법적 설명이 상세히 설명될 수 있다. 즉, 법적 상황과 권리구제에 대한 설명이 주어질 수 있다. 당사자들에게 가장 적합하고 위험하지 않은 행동을 제시하는 것이 일반적인 경찰상 위험방지를 이유로 요구되지 않는 한, 그들이 처한 법적 상황에서 최상의 행동을 위하여 변호사를 선임하라는 법적 조언은 하지 않는 것이 좋다.

3. 사유지에서의 견인

3.1 예시사례 "사적 견인!?"

> E의 차고의 출구가 다른 승용차의 주차로 막혀있다. E는 자신의 차고로 운행해 들어가고자 한다. 그러나 그는 - 승용차와 차고에 대한 그의 점유 이외에는 - (견인요청에 대한) 특정한 근거들을 갖지 못한다. 인근 도로에는 빈 주차장이 없다. E는 경찰관들이 어떤 조치를 취하는 것을 주저하고 있다는 것을 알아차리고는 말한다. "나는 당신들이 내 차고를 가로막고 있는 승용차를 견인할 것을 요구합니다!" 승용차의 사용자는 연락이 되지 않는다.

3.2 예시사례의 해결

3.2.1 교통방해주차에 관한 사법과 공법

견인사례는 공법적 요소와 사법적 요소가 병존하는 고전적 사례이다. 이 경우에도 다양한 법영역, 특히 사법이 기능을 한다. 공법적 관점과 사법적 관점을 구분하여 고찰하는 것이 이 문제를 개관해 보는 데 유용하다.

- 공법적 관점에서 바라보면 대지의 진입로나 출구를 가로막는 주차는 도로교통법 제12조 제3항 제3호에 따른 질서위반행위이다.

- 현 위치로부터의 승용차의 제거와 이동은, 법적으로는 (역주: 즉시집행에서 실제로는 발하여지지 않았으나 원처분으로서) 가정된 이동명령의 대집행을 의미한다.112)

- 경찰에 의한 차량의 강제보관(임치, Inverwahrungnahme)은 영치(Sicherstellung)의 성질을 갖는다.

- 단순히 주차되어 있는 현 위치로부터 다른 주차위치로 이동시키는 것이 아니라, 주차되어 있는 현 위치로부터의 제거와 견인장소에의 보관으로 구성되는 경찰의 견인과정은 법적으로 구분되어야 한다. 즉, 주차된 현 위치로부터의 제거는 대집행의 방식에 의한 (가정된) 이동명령의 집행이며, 견인장소에의 보관은 영치에 해당한다.

영치의 특징은 행정청을 통한 물건의 강제보관(임치)이다. 견인을 영치에 근거하여 이해하는 견해는 잘못된 것이다. 왜냐하면 그러한 견해는 교통법규에 위반하여 자동차를 세운 자는 단순히

---

112) BayVGH NJW 1984, 2962, 2963f; BayVGH NVwZ-RR 1989, 297; Götz, *NVwZ* 1987, 858, 864; 또한 참고로 *Kottmann*, DÖV, 1983, 493 ff.

기본처분에 따라 차량을 제거할 의무가 있을 뿐이지, 자동차를 행정청에게 인도할 의무가 있는 것이 아니라는 점을 고려하지 못하고 있기 때문이다. 따라서 행정청은 차량의 제거를 통하여 우선 이동명령을 집행할 뿐이지, 인도처분을 집행하는 것이 아니다. 그러나 행정청이 자동차의 손상으로부터 소유자를 보호하기 위하여 자동차를 강제보관(임치)하는 경우에는 영치처분이 가정적으로 또는 사실상 존재한다. 따라서 세워진 장소로부터 자동차의 제거에 따른 견인과정과 그에 연이어져 행해지는 견인장소에서의 보관(임치)을 위한 점유의 성립은 구분되어야 한다.113)

자동차를 잘못 주차한 자의 행위로 인해 피해를 입은 관계인은 잘못 주차된 자동차의 견인 후 잘못 주차한 자에 대하여 다음과 같은 사법적 청구권을 가진다.114)

  - 민법전 제677조, 제683조, 제670조상의 사무관리로부터 나오는 비용상환: 사인에 의한 차량의 이동은 잘못 주차한 자를 위한 정당한 사무처리이다.
  - 민법전 제823조 제1항에 따른 소유권/점유권 침해로 인한 손해배상: 민법전 제823조 제1항의 토지소유권은 자동차를 이용한 불법점유행위를 통해 소유권의 부분박탈 또는 소유권 방해의 형태로 침해된다. 민법전 제823조 제1항의 의미에서의 기타 권리로서 정당한 점유는 마찬가지로 점유방해나 점유부분탈취의 형태로 침해된다,
  - 민법전 제823조 제2항과 도로교통법 제12조 제3항 제3호에 따른 보호법규 위반에 기한 손해배상: 타인의 보호를

---

113) *Fischer*, JuS 2002, 446, 449; Michaelis, Jura 2003, 298, 300; *Tettinger/Erbguth/Mann,* Besonderes Verwaltungsrecht, Rdnr. 600; 또한 참고로 *Steinhilber*, NJW 1983, 2429.

114) 참고로 견인사례들에서의 청구권에 관하여는 BGHZ 181, 223.

목적으로 하는 법률에 위반한 자는 민법전 제823조 제2항에 따라 손해배상의 의무를 부담한다. 민법전 시행법률 제2조에 따를 때, 민법전에서 법률이라고 함은 모든 법규범을 의미한다. 보호법규(Schutzgesetz)란 공중의 이익만이 아니라 개인의 보호를 목적으로 하는 법률을 말한다. 도로교통법 제12조 제3항 제3호의 보호법규에 따르면 토지의 출입구 앞에 주차하는 것은 허용되지 않는다.

- 민법전 제823조 제2항, 제859조 제1항, 제859조 제3항에 따른 보호법규 위반으로 인한 손해배상: 민법전 제859조 제1항에 따르면 점유권자는 금지된 점유탈취를 실력으로 억제할 수 있다. 여기서 금지된 점유탈취란 민법전 제858조 제1항에 따르면 법률적으로 허용되지 않은 점유의 탈취 또는 방해를 의미한다. 잘못된 주차는 민법전 제858조 제1항의 의미에서의 점유방해를 뜻한다. 민법전 제859조 제1항에 따르면 점유자는 금지된 점유탈취를 실력으로 억제할 수 있다. 토지의 점유자가 금지된 점유탈취로 인해 점유를 박탈당하는 경우에는, 그는 민법전 제859조 제3항에 따라 점유를 박탈당한 후 지체없이 금지된 점유탈취를 행한 자를 토지에서 퇴거시켜 다시 점유권을 행사할 수 있다.

3.2.2 교통방해주차에 대한 경찰개입의 전제조건

이제 자기책임 하에 견인서비스를 부르고, 나타난 모든 청구권에 근거하여 장해를 야기한 자에게 조치를 취하는 것이 사법상 주체로서 시민의 재량에 맡겨져 있는지 여부가 문제시 된다. 경찰이 활동하지 않는다면, 단지 사법적인 문제가 권리실현이 불가능해지거나 현저히 곤란해질 위험이 없이 존재하게 될 뿐이다.

그러나 경찰은 범죄예방에 관한 시원적 권한을 갖고 있으며, 토지의 장해는 도로교통법 제12조 제3항 제3호상의 질서위반으로서 공법적으로 규율되고 있다.

법적 권리가 동시에 공법적 규정, 특히 형벌이나 과태료부과를 통해 보호된다면, 경찰은 이미 경찰법 제1조 제1항에 따라 그러한 위험을 방지(저지 및 차단)할 권한을 갖는다.

예시사례의 경우 시민이 경찰에게 견인이라는 지극히 구체적인 조치를 요구하고 있다.

원칙적으로 문제가 되고 있는 법영역에 대한 공법상의 권한규범이 동시에 개인을 위한 청구권적 성격을 갖는 경우에만 시민은 행정청의 조치를 청구할 수 있다. 공법적 법규범은 그것이 공익을 위한 것일 뿐만 아니라 (개인의) 주관적 이익을 위한 것인 경우에만 청구권적 성격을 갖는다.[115]

경찰법상 개괄적 수권조항(Generalklausel)은 공공의 안녕이란 징표에 의하여 개인의 권리도 보호한다. 그러나 시민은 일반적인 법률집행청구권을 갖지 못하고, 일반적으로 특정한 조치를 취해줄 것을 청구할 법적 권리를 갖지 못한다. 단지 하자 없는 재량행사만을 청구할 수 있으며, 그것 또한 재량규범에 의해 신청인의 주관적 권리가 인정되는 경우에만 그러하다.[116] 즉, 경찰은 의무적합적 재량에 따라 조치를 취하여만 한다.

따라서 구체적인 경우에 경찰의 재량여지가 얼마나 넓은지가 중요하다. 행정은 다음과 같은 3가지 형태로 **재량의 하자**(Ermessensfehler)를 범할 수 있다.

- 재량의 흠결(Ermessensunterschreitung)
- 재량의 유월(일탈, Ermessensüberschreitung)

---

115) 보호규범론: BVerwGE 78, 40.

116) BVerwGE 39, 235 ff.; OVG NRW, NWVBI, 2006, 107 f.

- 재량의 남용(Ermessensfehlgebrauch)

재량규정이 존재하는 경우 자동차 견인에 관한 지침이 역할을 할 수 있다.

지침은 시민에 대하여 직접적으로 효력이 있는 외부법이 아니라, 단순한 행정의 내부법이다. 지침은 단지 간접적으로만 외부효를 가질 수 있다. 그러나 지침에 따른 실제적인 행정실무를 통하여, **행정의 자기구속**(Selbstverbindung der Verwaltung)이라는 원칙과 연결된 기본법 제3조에 따라 재량구속으로 이어질 수 있다. 그 결과 경찰은 모든 동일한 사례들에 있어 지침에 따라 동일하게 대응하게 된다. 물론 행정실무는 지침이 갖는 효력에도 불구하고 자의적이지 않고 객관적인 근거들에 의해 항상 변경될 수 있다. 지침과 같은 법원(法源)에 있어서 '~해야 한다(sollen)'나 '일반적으로(regelmäßig)'와 같은 표현은 의도된 재량으로 이어진다. 의도된 재량은 단지 행정청이 비정형적 사례들에 있어서 통상적 사례들에 있어서 행해왔던 것과 달리 행동해도 되는 경우에 존재한다.

> **Tip** > 지침에 따르면[117] 통상적인 차량이동에 관한 일반적인 전제조건들은 중첩적일 수 있다:
>
> - 공적 교통공간에서의 구체적인 방해: 방해란 교통질서에 위반하지 않고 행동하는 다른 교통참가자에 대한 허용되지 않는, 또는 비정상적인 모든 침해이다. 구체적인 방해는 개별 사례에서 볼 수 있다. 토지의 진입 또는 진출을 방해하는 주차는 항상 출입하는 관계자들에 대한 구체적인 방해로 이어진다.[118]
>
> - 현저한 침해: 진출로로부터 나와야 하는 자동차의 경우에는 예를 들어 긴급히 출차할 필요가 있거나, 자동차 수리가 행해져야 하기 때문에 자동차 자체가 필요한 경우 등에 현저한 침해가

---

117) 그래서 예를 들면: 노르트라인베스트팔렌 내무장관의 지시회람, 25.06. 1979 - Ⅳ A 2 - 2744.

118) 분명하게: 노르트라인베스트팔렌 내무장관의 지시회람, 25.06.1979 - Ⅳ A 2 - 2744, Nr. 2.2.1.

발생한다. 진입로로 들어가야 하는 자동차의 경우에는 비싼 주
차장을 찾도록 만들거나 해당 토지 위에 자동차가 필요한 경우
에 현저한 침해가 존재한다.

– 관계자의 요구에 기하여: 사법적 사례에서 학설은 관계인들이
경찰의 활동을 실제적으로 요구하기 위한 전제조건을 거론할 때
자주 이러한 징표를 반복하고 있다. 하지만 관계자 신청의 실제
적 존재만이 경찰활동에 대한 필수적인 조건으로서 경찰에 의한
사권 보호로 이어지는 것은 아니다. 그 밖의 주변 사정들이 경
찰활동을 합당한 것으로 보여지게 만드는 경우에는, 관계인의
추정적인 의사 또한 경찰활동의 충분조건이 될 수 있다.

판례는 그 밖에도 어디서 어떻게 교통방해와 권리침해가 발
생하는지에 거의 상관없이, 관대하게 그리고 대부분 자유롭게 견
인의 허용성을 긍정하고 있다.[119]

3.3 소 결

견인업체의 도움을 받아 자동차를 견인하는 것은 정당화될
수 있다. 경찰에 의한 견인과 관련하여 재량이 0으로 수축되어 있
지 않다면, 경찰은 사인에게 견인을 위탁할 수 있다. 경찰에 의한
견인인지 아니면 순수하게 사적으로 행해진 견인인지와는 상관없
이, 경찰에 의해 범칙금 부과 경고가 발해질 수 있고, 자동차를 주
차시킨 자가 부재 시에는 질서위반행위에 대한 벌로 납부청구서
가 발부된다.

---

119) *Tegtmeyer/Vahle*, Polizeigesetz NRW – Kommentar, § 43, Rdnr. 17에
서 요약된 것이다.

4. 사법적 정당화사유

4.1 예시사례 "셋, 둘, 하나, 내거다." (역주: 인터넷 옥션에서 쓰이는 슬로건이다)

> 출동현장에서 경찰은 시민인 B와 테니스를 치던 T를 만났다. 두 사람은 사실관계를 다음과 같이 진술하였다: B가 투견에 의해 공격을 당했다. 그래서 그는 T의 손에서 테니스 라켓을 빼앗아 이것으로 개의 코 부위를 여러 번 내려쳤다. 개의 턱이 부러졌다. 내려친 사람은 무사했고, 테니스 라켓은 부서졌다. 개 주인인 H가 그 곳으로 다가왔다. B와 T와 H는 모두 분개하였고, 경찰로부터 도움을 얻고자 하였다. T가 물었다: "이제 누가 내 라켓을 보상하나?" 그리고 H가 물었다: "이제 누가 나에게 내 개의 치료비용을 지불하나?"

4.2 예시사례의 해결

4.2.1 방어적 긴급피난에서의 물건의 손괴

B는 테니스 라켓으로 개를 가격하였으므로 물건(개)을 손괴한 것이 되어 형법전 제303조에 따라 처벌될 수 있었다.

개는 타인 (소유)의 물건임에 틀림없다.

민법전 제90조에 따를 때, 물건이란 모든 유체물을 의미한다.

민법전 제90조의a 제1문에 따를 때 동물은 물건이 아니다. 그러나 민법전 제90조의a 제3문에 따라 동물에 대하여는 (별도의 법률이 없는 한) 물건에 적용되는 규정들이 준용되어야 한다.

행위자에게 불리한 유추적용은 기본법 제103조 제2항과 형법전 제1조로부터 나오는 유추해석금지에 저촉된다. 따라서 이론상 독자적이고 형법적인 물건 개념이 법통일적인 유추적용보다 우선적으로 적용되어야 한다.

그러므로 개는 형법적 의미에서의 물건이다.

개는 가격 시점에서 H의 소유에 속하였고, 따라서 타인 소유의 것이었다.

B는 코 부위의 가격을 통해 개의 턱을 부러뜨렸고, 손상을 가했다. 이 경우 B는 고의로 행동하였다. 그 행위는 위법하게 발생하였음이 틀림없었다.

B의 행위는 형법전 제32조에 따른 정당방위[120]로서 정당화되지는 못한다. 왜냐하면 법적으로 보호되는 이익에 대한 위협은 항상 사람으로부터 나와야 하는데, 이 경우에는 아무런 공격도 존재하지 않았기 때문이다.

어떤 물건으로부터 발생하는 위험으로부터 자기 또는 타인의 위험을 방지하기 위하여 타인 소유의 물건을 손상하거나 파괴하는 경우 또는 그러한 위험을 방지하기 위하여 그 물건의 손상이 필요하고 그러한 손상이 위험과 비례하는 경우에는, **민법전 제228조 제1문**에 따라 소위 **방어적 긴급피난**(Defensivnotstand)으로 정당화된다.

급박한 위험은 개로부터 발생했다. 개를 가격하는 것은 **필요적**이었다. 왜냐하면 행위시점에 B는 그보다 더 작은 손해를 가하는, 그러나 그와 동일하게 적합한 수단을 사용할 수 없었기 때문이다.

개의 손상은 또한 B의 신체와 생명에 관한 **급박한 위험과 비례관계**에 있다.

끝으로 B는 긴급피난 상황을 인식하고, 방어의사를 가지고 행동하였다.

---

120) 형법상 정당방위와 착오에 관하여는: *Basten*, DIE POLIZEI 06/2012,
S. 149-155.

개의 손상은 민법전 제228조 제1문에 따라 정당화된다.

결론 : B가 개의 코 부위 가격을 통한 방어적 긴급피난을 한 경우에는 형법전 제303조 제1항에 따른 형벌을 과할 수 없다.

4.2.2 공격적 긴급피난에서의 물건의 손괴

B는 개의 코 부위를 테니스 라켓으로 으스러뜨렸는데, 이는 형법전 제303조 제1항에 따른 물건의 손괴를 이유로 가벌성이 인정될 수 있었다.

B가 손상시킨 테니스 라켓은 B에게는 타인 소유의 물건이었다. B는 고의로 행동하였다.

B는 민법전 제904조 제1문에 따라 소위 공격적 긴급피난(Aggressivnotstand)으로 정당화될 수 있다.

B의 건강과 생명이라는 **법익**이 위태로웠다.

위험은 민법전 제228조 제1문에서와 같이 급박하여야만 할 필요는 없으나, 현재적이어야 한다. 당시에는 **현재적 위험**이 존재하였다. 왜냐하면 손해회피를 위해서는 즉각적인 구제가 필요했기 때문이다.

당시 B의 행동은 **불가피한 방어행동**이었다. 왜냐하면 그 방어적 행동은 위험을 회피하기 위해 유용한 유일한 수단이었기 때문이다.

건강과 생명에 관한 손해가 우려되는 경우, 그러한 손해는 그를 방지하기 위하여 필요한 테니스 라켓에 대한 손상보다 훨씬 더 심각하다.

테니스 라켓의 손상은 민법전 제904조 제1문에 따라 정당화되었다.

결론 : B가 공격적 긴급피난을 행한 경우에는 형법전 제303조 제1항에 따른 재물 손괴를 이유로 형벌을 과할 수 없다.

4.2.3 손괴에 기한 청구권들

방어적 긴급피난을 행한 자가 위험에 대해 책임이 있다면, 그는 민법전 제228조 제2문에 따라 손해배상의 의무를 부담한다.

유책성의 문제에 관하여는 민법전 제276조, 제827조, 제828조가 준용되어야 한다.

더 엄격하거나 더 완화된 책임이 특정되어 있지도 않고, 채권관계의 그밖의 내용으로부터 도출될 수도 없는 경우에는, 채무자는 민법전 제276조 제1항 제1문에 따른 고의와 과실의 책임을 져야 한다.

민법전 제276조 제2항에 따를 때, 거래에서 필수적으로 요구되는 주의를 게을리 한 자는 **과실로** 행동한 것이다.

민법전 제827조는 책임능력의 배제 또는 완화를 규정하고 있다. 무의식 상태나 정신병적 장해로 자유로운 의사결정이 배제된 상태에서 타인에게 손해를 발생시킨 자는, 그 손해에 대하여 책임이 없다. 그가 알콜성 음료나 그와 유사한 음료를 통해 일시적으로 이러한 상태에 빠졌다면, 그는 이러한 상태에서 불법적으로 야기한 손해에 대하여 그에게 과실이 있는 경우에 있어서와 마찬가지로 책임이 있다. 그가 고의나 과실없이 그러한 상태에 빠진 경우에는, 책임이 발생하지 않는다.

미성년자에 대하여는 책임능력에 관한 민법전 제828조의 규율들이 적용된다. 7세미만의 자는 그가 타인에게 끼친 손해에 대하여 책임이 없다. 7세 이상 10세 미만의 자는 자동차, 철도 또는 리프트카 사고로 타인에게 끼친 손해에 대하여 책임이 없다. 그러나 그가 피해를 고의적으로 야기한 경우에는 그러하지 아니하다. 아직 18세가 되지 않는 자는 그의 책임성이 민법전 제828조 제1항이나 제828조 제2항에 따라 배제되고 있지 않는 경우에도 그가 손상을 가하는 행위를 범함에 있어 책임성을 인식하기 위해 요구되는 통찰력을 갖지 못한 경우에는 타인에게 끼친 손해에 대하여 책임이 없다.

B는 개로부터 나오는 위험에 대하여는 아무런 책임이 없으며, 따라서 개의 손상에 대하여 어떤 방식으로도 손해배상의무를 부담하지 않는다.

공격적 긴급피난에 있어서 소유자는 민법전 제904조 제2문에 따라 자신에게 발생한 손해의 배상을 요구할 수 있다.

따라서 T는 B에게 부러진 테니스 라켓에 대한 손해배상을 요구할 수 있다.

4.3 소 결

재물손괴로 인한 고소가 정당한 사실관계를 적시할 수도 있고, 법적 상황과 권리구제에 대한 시사(示唆)가 주어질 수도 있다. 사건접수에 있어서는 전체 사정이 고소에 관심을 갖지 않게 하고, 그로 인하여 권리구제에 대한 시사가 있은 후에도 당사자 중 누구도 고소를 할 생각을 갖지 않게 하는 결과를 가져올 수도 있다. 그러나 그럼에도 불구하고 사실관계에 관하여는 충분한 내용이 담긴 문서가 작성되어야 한다 – 예를 들어 보고서 형식으로.

5. 도급계약과 수급인의 질권

5.1 예시사례 "당신의 차는 내 것이다"

출동현장에서 경찰은 자동차 수리공장 직원인 M과 고객인 K
를 만났다. M과 K는 사실관계에 관하여 다음과 같이 진술하
였다: K는 자신의 승용차에 대한 수리작업에 불만이 있어 수
리비를 지불하지 않으려고 하였고, M은 수리 비용 전액의 지
불을 주장하였다. 이러한 사정 하에서 K는 예비키를 사용하
여 M의 의사에 반해 자신의 승용차를 자동차 수리공장으로부
터 운행하였다. K와 승용차는 경찰이 출동하였을 때 아직 자
동차 수리공장 앞에 있었다. K는 경찰에 대해 "자신의 소유물
(승용차)"을 자기에게 맡겨 줄 것을 주장하였다. M은 K에 대
해 자신이 쓸 수 있는 모든 법적 수단을 사용하고자 한다.

5.2 예시사례의 해결

실무에서 마주치게 되는 위와 같은 사례는, 위험방지와 형사
소추의 영역에서 민법적 지식 없이는 경찰의 결정들이 얼마나 불
확실한 것이 될 수 있는지에 관한 전형적 사례에 해당한다.

피상적으로는 고객은 기본법 제14조와 민법전 제903조상의
강력한 소유(기본)권에 근거하여 자기 마음대로 자신의 물건을 사
용할 권한이 있는 것처럼 보인다.

적어도 우리는 "금전지급에 관한 법원의 판결이 있을 때까지
우선은 소유자가 그의 물건을 이용할 수 있다"라는 사고에 빠져들
기 쉽다.

경찰관은 기본법 제14조에 위법하게 개입하거나, 형법전 제
258조의a상 공무상 처벌방해를 이유로 처벌되지 않도록 법적으로

확실한 조치를 취하여야 한다.

5.2.1 도급계약

위와 같은 사례가 벌어지게 되는 사법적 배경이 상세히 조명되어야 한다. 동산과 부동산의 수리작업에 관하여는 민법전 제631조－제651조상의 **도급계약**에 관한 규정이 적용된다. 도급계약의 당사자들은 법률용어로는 도급인(사례에서 말하자면 고객)과 수급인(사례에서 말하자면 사업주를 대표해서 행동하는 직원이 아닌 사업주, 민법전 제164－181조)이다. 민법전 제631조 제2항에 따를 때 물건의 제조와 변경은 물론 작업이나 서비스를 통해 도출하는 결과도 도급계약의 대상이 될 수 있다.

5.2.2 담보물 탈취

고객이자 도급인인 K의 관점에서 보면, 형법적 중간결론으로서 형법전 제242조에 따른 절도와 형법전 제246조에 따른 횡령은 성립하지 않는다는 것은 확실하다. 왜냐하면 K 소유의 승용차는 형법전 제242조, 제245조의 의미에서 '타인의 것'이 아니기 때문이다. 또한 형법전 제263조에 따른 사기도 아니다. 왜냐하면 아무런 기망행위도 존재하지 않기 때문이다. 논의의 출발점은 고객이 계약을 체결할 당시 자신의 의무를 이행하려고 했는지이다.

소유권과 연결되지 않는 형법규정, 즉 형법전 제289조가 고려되어야 한다. "담보물의 **불법탈취**(Pfandkehr)"라는 표제를 가진 **형법전 제289조**는 비소유권자가 용익권, 사용권, 유치권 또는 질권을 갖는 경우에, 동산의 소유권자로부터 동산의 비소유권자를 보호하고 있다. 위와 같은 경우에 있어서 동산의 비소유권자 보호에 관하여는 많은 내용을 가진 장문의 규정들이 존재한다. 위의 사례(의 해결)에 관하여는 단지 형법 제289조로부터 추출된 다음의 명제를 읽어 보는 것으로 충분하다: 자신의 동산을 위법한 의도로 담보권자로부터 탈취한 자는 처벌된다. 형법 제289조 제2항에 따라 그 미수도 처벌된다.

5.2.3 질권(Pfandrecht)

누가 질권자가 될 수 있는지를 알기 위하여는 질권이 무엇인지를 알아야만 한다. 법률을 한번 개관해 보는 것이 여기서도 법발견을 수월하게 만든다. 민법전 제1204조에 따르면 채권의 담보를 위해, 물건에는 채권자가 그 물건으로부터 만족을 구할 권리를 갖는 방식으로 부담이 과해질 수 있다. 민법전 제1228조에 따를 때, 궁극적인 만족은 매각을 통해 이루어진다. 말하자면 질권이란 채권 자체가 회수되기 어려운 경우에, 어떤 권리관계로부터 채권이 존속하는 소유권자의 물건을 매각할 권리이다. 즉, 질권은 채권자에게 채무를 부담하는 소유자의 물건을 보유할 수 있는 많은 가능성을 부여한다.

5.2.4 수급인의 질권

예시사례는 민법전의 도급계약에 관한 것으로, 그 경우에는 민법전 제647조에 따른 수급인의 질권이 존재한다.

수급인의 질권이 존재하기 위한 5가지 전제조건을 개관하면 다음과 같다:

- 도급계약의 존재
- 도급계약으로부터 나오는 채권의 존속
- 도급인의 소유인 물건이 문제가 되어야 한다.
- 도급인의 물건을 수급인이 점유하고 있어야 한다.
- 물건에 대한 점유가 물건 제조나 수선을 위한 도급계약관계를 근거로 존속하여야 한다.

이것은 구체적인 사례에 있어서의 경찰의 조치들에 대하여 다음과 같은 것을 의미한다: 고객이 약정된 수리비를 지불하지 않는 한 직원은 사업주를 대신하여 승용차를 보관할 자격이 있다.

모든 가능성을 검토할 때 수급인이 주장하는 청구권이 명백히 배제되지 않는 한, 수급인을 위하여 경찰이 현재의 상태를 유지되도록 할 수 있다. 법률적 평가로부터 밝혀지는 것과 같이 수급인은 그의 사전이행 **리스크의 조정**(선 도급완성, 후 보수) 차원에서 민법전 제641조에 따라 법정 질권을 갖는다.

5.2.5 수급인의 유치권

그 외에 수급인의 유치권이 동일 물건에 관한 도급인과의 이전 도급계약으로부터 불이행된 채권에 근거한 경우에도, 수급인은 원칙적으로 도급계약의 범주에서 지배영역 내에 있는 도급인의 물건에 대해 **유치권**(Zurückbehaltungsrecht)을 갖는다. 예를 들어 도급인이 그의 자동차와 관련된 이전의 급부를 지체하고 있고, 현재의 도급계약과 관련된 급부만을 지불한다면, 수급인은 도급인이 구 채권(역주: 자동차와 관련된 이전의 급부를 내용으로 하는 채권)을 이행할 때까지 도급인의 자동차를 유치할 수 있다. 이는 민법전 제273조 제1항으로부터 나온다. 이에 따르면 그의 채무가 근거하고 있는 동일한 법적 관계로부터 채권자(도급인)에 대해 이행기가 도래한 청구권을 갖는 채무자(수급인)는 - 채권관계로부터 다른 특별한 것이 나타나지 않는 한 ― 마땅한 이행이 이루어질 때까지 자신의 채무의 이행을 거절할 수 있다. 민법전 제273조 제3항 제1문에 따르면 채권자(도급인)는 담보의 제공을 통해 채무자(수급인)의 유치권 행사를 피할 수 있다.

유치권에 관한 민법전 제273조가 채권이 채무와 동일한 법적 관계에 근거하여 발생하여야 함을 규정하는 것에 대해, (동일한 법

적 관계가 아닌) 계약으로부터 발생하는 쌍무적 채권도 유치권의 전
제조건이 되도록 (동시이행의 항변권을 규정)하고 있는 민법전 제320
조는 특별하다

자신의 동산이나 타인의 동산을 소유자를 위하여 그 물건에
대한 유치권을 가진 자로부터 위법한 의도로 탈취하는 자 또한 형
법 제289조에 따른 담보물의 불법 탈취를 이유로 처벌된다.

예컨대 계약 내용에 따라 유치권 주장이 포기된 경우에는 민
법전 제273조에 따른 유치권이 배제될 수 있다. 도급인이 계약체
결시에 수리가 잘 끝나면 급히 자동차가 필요하다는 점을 언급하
고, 수급인은 그러한 자동차를 이의제기 없이 접수하는 경우가 그
러한 예에 해당한다.

5.3 소 결

고소가 행하여질 수 있다: 도급인으로서 고객은 자신의 승용
차를 가지고 수리공장을 벗어남으로써 담보물 불법탈취의 객관적
구성요건을 충족하였다. 왜냐하면 그는 자신의 이익을 위하여 권
원있는 자의 지배영역으로부터 자동차를 이동시킴으로써 수급인
의 질권 실현을 불가능하게 만들었기 때문이다. 형법전 제289조의
"소유자를 위하여"라는 법률적 징표가 중요하다. 왜냐하면 제3자
도 자신을 위해서가 아니라 소유자를 위하여 행동하는 경우, 그
한도에서 담보물의 불법탈취를 범할 수 있기 때문이다. 직원도 질
권을 행사할 권원이 있는 자로서 고소를 제기할 권원이 있다. 고
소 규정은 형법전 제77조 - 제77조의e를 참조. 그의 전제조건들이
존재하면 질권 확보를 위한 모든 위험방지 조치들이(강제퇴거, 보호
조치, 직접강제) 허용된다.

6. 임대차와 임대인의 질권

6.1 예시사례 "임대차 관계"

경찰이 임대인 V와 임차인 M을 만났다. M은 V로부터 임대받은 창고에 대한 임대료 지불을 연체하고 있다. M은 이사용 화물차량으로 그 곳을 떠나려고 한다. V는 다음의 물건들을 함께 가져가려는 것을 막으려고 한다.

1. 토지에 주차된 승용차. M이 그의 택시사업을 위해 사용하는 유일한 택시.
2. 창고에 서 있던 기둥난로. 어제부터 V의 항의로 M이 수리를 위해 공장에 가져다 놓았다.
3. 자전거
4. 5만 유로의 채권이 기장된 예금통장

6.2 예시사례의 해결

6.2.1 임대차 계약

임대차 계약은 민법전 제2편 제8장(개별적 채권관계) 제535조－제580조의a에서 규율되고 있다. 이는 임대차(민법전 제581조－제584조의b), 농지임대차(민법전 제585조－제597조), 사용대차(민법전 제598조－제606조) 그리고 물건소비대차(민법 제607조－제609조)와 함께 민법전이 규율하고 있는 사용허가계약 중 하나이다. 이는 쌍무적이고, 채권법상의 **계속적 채권관계**를 발생시키는 계약이다.

민법전 제535조－제580조의a에는 **동산 임대차**, 토지 임대차, 주거 임대차 그리고 영업장 임대차에 관한 규율들이 포함되어 있다.

민법전 제549조 제1항은 민법전 제549조에서 제577조의a까지가 달리 규정하고 있지 않는 한, 민법전 제535조－제548조가 주거 임대차관계에 적용될 수 있다고 선언하고 있다.

민법전 제578조 제1항은 토지 임대차에 민법전 제550조, 제562조에서 562조의d, 제566조에서 제567조의b 및 제570조가 준용될 수 있다고 규정하고 있다.

민법전 제578조 제2항이 주거 아닌 공간의 임대차관계에 관하여 민법전 제578조 제1항에서 열거되는 규정 및 민법전 제552조 제1항, 제554조 제1항－제4항 그리고 민법전 제569조 제2항이 준용될 수 있다고 규정하고 있다.

주거용 임대차와 비주거용 임대차는 계약의 목적설정을 통해 구별되는 바, 이 경우 임대된 공간이 적어도 숙박에 적합한 공간으로 임차인 자신에 의해 거주목적으로 사용되는지, 아니면 거주목적 이외의 용도로 사용되는지 여부가 중요하다.[121]

실제적인 사용 또는 사용가능성과 임대차 계약을 통하여 설정된 목적이 일치하지 않는 경우에는, **주거 임대차와 비주거용 임대차 가운데 어디에 해당하는 지의 문제에 있어서는 설정된 목적이 중요하다.**[122] 이는 법인에 의한 임차의 경우 그 영업공간은 법인에서 근무하는 자연인에 의한 실제적인 거주가 인정된다는 결론에 달하게 된다. 왜냐하면 법인은 그 공간을 거주목적으로 사용할 수 없기 때문이다.[123]

동시에 주거용 임대차와 비주거용 임대차를 내용으로 하는 혼합임대차 관계에 있어서 이 임대차 관계의 성격을 어떻게 규정할 것인가에 관하여는, 주거공간과 영업 공간에 관한 계약이 나뉘어져 있어서 각각의 계약이 그 각각의 임대차 규율을 따르는

---

121) RGZ 124, 4, 6; BGHZ 135, 269, 272 = NJW 1997, 1845.
122) OLG Celle, ZMR 1999, 469, 470 f.; OLG Düsseldorf, NZM 2004, 743; OLG Düsseldorf, NZM 2007, 799.
123) BGH, NZM 2008, 804.

지,[124] 아니면 계약당사자들의 의사의 중점이 주거임대차 또는 영업임대차 중 어디에 놓이는지가 심사되어야 한다. 계약서의 기재내용, 주거공간과 비주거공간의 면적 비중 또는 임대료의 산출 등은 중점이 어디에 놓여 있는지에 대한 증빙자료가 될 수 있다.[125] 통상적으로 영업 공간의 임대차는 거래, 사무 또는 사실상의 주거의 임대로 이루어진다.[126] 의문이 있을 때는 임차인에게 더 많은 보호가 되는 주거 임대차로 받아들여야 한다.[127] 호텔계약과 같은 숙식계약에 있어서는 통상적으로 공간의 임대차계약이 문제되는데, 그에 상응하는 부가서비스에 있어서는 매매, 서비스, 임치 그리고 도급계약의 계약요소들이 혼합되어 있다.

임대인과 임차인의 계약에 따른 전형적인 의무들은 민법전 제535조로부터 밝혀진다. 임대인은 민법전 제535조 제1항에 따라 계약에 따른 사용에 적합한 상태로 임대물건을 양도하고, 임대기간 동안 사용을 승낙하고 그리고 계약에 적합한 상태로 임대물건을 유지할 의무가 있다. 임차인은 민법전 제535조 제2항에 따라 약정된 임대료를 지불할 의무를 부담한다.

예시사례의 경우 주거 임대차 계약이 아니라 창고에 관한 비주거 임대차 계약이 문제된다. 예시사례의 경우 저장과 보관이 상법전 제467조 제3항 제1문의 기업의 운영에 속한다는 내용은 존재하지 않는다. 만약 저장과 보관이 기업의 운영을 위한 것이라면 상법전 제467조에 따른 창고계약이 문제될 수 있다. 상법전 제467조 제1항에 따라 창고계약을 통해 창고업자는 저장물품의 저장과 보관의무를 부

---

124) OLG Hamburg, ZMR 1979, 279.
125) OLG Düsseldorf, ZMR 2002, 589; OLG München, ZMR 2007, 119; OLG Stuttgart, NZM 2008, 726.
126) BGH, NJW-RR 1986, 877; OLG Köln, ZMR 2001, 963; OLG Stuttgart, NZM 2008, 726.
127) LG Berlin, WuM 1989, 6; LG Frankfurt, ZMR 1992, 542.

담하며, 입고의뢰자는 상법전 제467조 제2항에 따라 약정된 보수를 지불할 의무를 부담한다.

또한 예시사례의 경우 임치계약이 문제되지도 않는다. 민법전 제688조에 따른 **임치계약**(Verwahrungvertrag)을 통해 수치인은 임치인이 자신에게 인도한 동산을 보관할 의무가 있다.

창고계약과 같은 임치계약은 공간의 지배 상황을 통해 임대차 계약과 구분된다. 임치계약과 창고계약에 있어서는 임치인이나 입고의뢰자의 물건은 수치인이나 창고업자의 공간에 보관된다. 이에 반해 임대차계약에 있어서는 임차인 자신이 그 공간을 사용하기 위해 임대인의 공간을 지배한다.

6.2.2 임대인의 질권

임대인의 질권은 **법정 질권**으로서 **민법전 제562조-제562조의 d**에서 규율되고 있다. 임대인의 질권은 **점유없는 질권**인데, 이는 질권이 존재하기 위해서 − 점유(또는 동산저당)권에서와 달리 − 채권자가 질물을 점유하고 있을 필요가 없다는 것을 의미한다.

민법전 제1257조에 따르면 법률행위를 통해 설정된 (약정) 질권에 관한 규정들이 법률에 의해 발생된 (법정) 질권에 준용된다. 임대인의 질권이 점유없는 법정 질권이라는 것은 법률행위를 통하여 설정된 (약정) 질권자의 직접 점유에 관한 민법전 제1204조-제1208조의 전제를 이루는 규범들이 적용되지 않는다는 것이다. 권리주체라는 외관을 갖게 만드는 직접점유의 결여로 인해, 임차인의 소유에 속하지 않는 물건에 대한 '임대인의 질권'은 법적으로 불가능하다.[128]

민법전 제562조 제1항에 따라 임대인은 임대차 관계로부터 발생한 그의 채권을 위해, 반입된 임차인의 물건에 대한 질권을

---

128) Motive(이유서) Ⅱ 404 f.; BGHZ 34, 153, 154.

갖는다. 민법전 제578조에 따라 이러한 규정들은 또한 주거공간 아닌 비주거 공간들, 말하자면 예시사례에서와 같은 창고에도 적용된다.

민법전 제1228조 제1항에 따르면 임대차 관계에서 나오는 채권에 기한 질물로부터의 **질권자의 만족**은 매각을 통해 이루어진다. 민법전 제1228조 제2항에 따라 질권자는 채권의 전부 또는 일부에 대해서 이행기가 도래하면, 곧바로 질물을 매각할 권원이 있다. 금전채권이 아닌 경우에는, 매각은 채권이 금전채권으로 변환된 이후에야 비로소 허용된다.

임대인이 담보를 독점하고 있지 않다면, - 민법전 제1231조 제1문에 상응하여 - 임대인은 질권자로서 매각의 권한이 발생한 이후에 매각의 목적으로 담보의 인도를 요구할 수 있다.

6.2.3 임대인의 질권의 전제조건

임대인의 질권이 인정되기 위하여는 다음과 같은 전제조건들이 존재하여야 한다.

- 관련된 임대차 관계로부터 직접 발생한 임차인에 대한 임대인의 **채권이 존재하여야 한다**(민법전 제562조 제1항 제1문).

임대료, 운영비(민법전 제556조), 부대비용, 임차물의 손상 또는 신고의무나 반환의무129)와 같은 부수적 의무 위반을 이유로 하는 손해배상청구권, 임대차관계로부터 발생한 권리에 기한 법적 소구비용 등에 따른 채권이 피담보채권(gesicherte Forderungen)에 속한다.

임대인의 질권의 주장과 관련된 물적 그리고 시간적 제한은 민법전 제562조 제2항에 따라 존재하는바, 그에 따르면 장래의 보

---

129) BGHZ 60, 22, 24 f.

상채권과 현재 임차연도 및 다음 임차연도 이후의 임대료에 대하여는 질권이 주장될 수 없다.

- 물건이 임차공간에 반입되어 있어야 한다(민법전 제562조 제1항 제1문).

반입이란 물건이 임차인에 의해 임차공간에 의도적으로 들여지거나, 임대차 관계 동안 임차공간[130]에서 제작되는 것을 말한다. 반입은 사실행위일 뿐 준법률행위나 법률행위가 아니다. 따라서 행위무능력, 제한된 행위능력 또는 기타 반입의사의 흠결은 임대인의 질권 발생에 장애가 되지 않는다.[131]

제조되거나 저장된 물품과 같이, 물건이 단지 일시적인 목적으로 임차 공간에 있는 경우에도 물건은 반입된 것이다. 또한 자동차나 작업도구와 같은 물건들이 다시 임차영역을 떠나게 되는 경우에도, 물건은 반입된 것이다. 물론 물건이 임차 공간에서 제조된 경우에도 물건은 반입된 것이다. 자동차의 경우라면 이것은 공동으로 임차된 주차장과 같은 임차 공간에서 이루어질 수 있다. 그러나 누구나 사용가능한 법적이고 공적인 교통공간에서는 그러하지 아니하다.

- 물건은 임차인의 소유여야 한다(민법전 제562조 제1항 제1문).

그가 친척이거나 전차인(轉借人)인 경우라 할지라도, 제3자의 물건에 대해서는 질권이 발생하지 않는다.

물건이 임차인 소유라는 사실에 대한 증명책임은 임대인이 부담한다. 왜냐하면 임대인은 질권의 존속에 관한 증명책임도 부담하여야 하기 때문이다.[132] 민법전 제1006조(점유자의 소유권 추정)의

---

130) RGZ 132, 116, 118 f.
131) *Ehricke*, KTS 2004, 321, 324 f.; *Palandt/Weidenkaff*, § 562, Rdnr. 6.
132) BGH, NJW 1986, 2426.

적용가능성에 대하여는 의문이 있는바, 이는 동산 점유자를 "위하여"라는 (동 조항의) 문언에 따르면 그가 물건의 소유자로 추정되기 때문이다. 그러나 물건의 점유는 소유에 대한 증명책임을 자신이 점유하고 있는 물건이 자신의 소유가 아님을 주장하는 임차인에게 전환시킬 수 있는 중요한 사실이라는 것에는 다툼이 없다.133)

소유권 유보는 특수성을 갖는다:

소유권 유보에 있어서도 분리원칙134)에 충실하게 채권법적 또는 인과적인 의무부담행위와 물권법적 또는 물적 이행행위는 엄격히 분리되어야 한다. 채권법적 (소유권 유보의) 근거는 매매대금의 전부 또는 일부에 대한 지급유예 하에 물건매매에 관한 무조건적이고 계약적인 원인행위와, 매매대금의 완전한 지불이라는 조건 하에서만 매도인이 매도물건을 양도할 의무이다(민법전 제449조).

물권법적 소유권 유보는 '매도인이 매수인에게 매매목적물의 점유를 인도하고 이미 매수인과 민법전 제929조 제1문에 따른 물적 합의를 행하였지만, 그러나 이러한 물적 합의가 매매대금의 완전한 지불이라는 유보 하에 있는 경우에' 존재한다.

매매대금의 지불이라는 조건이 성취되기 전까지는 매도인이 여전히 소유자이기는 하지만, 매도인은 매수인의 소유권 취득을 원칙적으로 더 이상 지속적으로 막을 수 없다. 왜냐하면 민법전 제161조 제3항에 따를 때 2번째 취득자가 선의가 아닌 경우에는, 매매인이 소유권에 관하여 행한 다른 처분은 (있다고 해도) 매매대금의 완전한 지불이 있다면 민법전 제161조 제1항에 따라 무효로 되기 때문이다. 또한 (소유권) 유보부 매수인은 민법전 제161조 제1항에 따라 채무자

---

133) 참조 RGZ 146, 334.
134) 독일 사법상의 분리원칙과 무인성의 원칙에 관하여는 위의 Ⅶ, Nr. 1.2.1과 1.2.2.를 보라.

(매도인)가 소유권 취득을 방해하는 경우 손해배상청구권을 갖는다. 그 외에 (소유권) 유보부 매도인이 신의칙에 위반하여 조건의 성취를 곤란하게 하는 경우에는, 그 조건은 민법전 제162조 제1항에 따라 성취된 것으로 간주된다.

이러한 비교적 확실한 소유권 유보부 매수인의 소유권 취득에 대한 지위는, 소유권을 갖는 것과 다를 바 없다. 그러나 소유권을 갖는 것은 아니며, 단지 매매목적물의 소유권 취득에 대한 기대권을 발생시킬 뿐이다.[135]

임차인이 소유권 유보 하에 있는 물건을 반입한 경우, 질권은 물건에 대해서가 아니라 기대권에 대하여 발생한다. 이렇게 기대권에 대해 발생된 질권은 물건에 대한 완전한 소유권 취득이 이루어진 후에도 물건에 계속된다. 임대인은 민법전 제267조 제2항에 따른 임차인의 이의제기에 대하여도 이러한 질권의 계속을 주장할 수 있다.

－ 예컨대 압류불가능 등으로 인하여 질권이 배제되는 일이 없어야 한다(민법전 제562조 제1항 제2문).

압류가 가능한 물건과 압류가 불가능한 물건은 사회적 사정을 고려한 민사소송법 제810조 － 제812조[136]로부터 밝혀지는데, 동법은 － 모든 법규범과 마찬가지로 － 실로 여러 번 완전하게 읽혀져야 한다.

민사소송법 제811조의a는 임대인의 질권에 적용될 수 없다.[137]

압류가 불가능한지 여부는 항상 언제나 임대인의 질권이 주장되는 시점에서 판단된다.[138]

---

135) BGHZ 28, 16, 21.

136) 또한 민사소송법 제812조의 적용가능성에 관하여는: AG Köln, WuM 1989, 296.

137) LG Aurich, NJW 1954, 1606 f.

- 민법전 제562조의a가 규정하는 질권 또는 일반적인 질권규
  정상의 질권의 소멸이 일어나지 않았어야 한다.

민법전 제562조의a는 민법전의 질권에 관한 일반적인 규율(제
936조의 제3자에 의한 물건의 부담없는 선의취득; 제1242조의 적법한 질물
의 매각; 제1250조의 질권없는 채권의 이전; 제1252조의 채권을 가진 질권
의 소멸; 제1255조의 질권자의 의사표시를 통한 질권의 포기; 제1256조의
동일인에게 질권과 소유권의 동시발생)과의 관계에서 **질권의 특별한 소
멸근거**이다.

민법전 제562조의a는 소위 임대인의 **저지권 내지 이의제기권**
을 규율한다.

민법전 제562조의a 제1문에 따르면 임대인이 반출사실을 알
지 못하거나 반출에 대해 이의제기를 한 경우를 제외하면, 토지로
부터 물건을 반출함으로써 질권은 소멸한다. 민법전 제562조의a
제2문에 따르면 반출이 통상적인 생활관계에 부합하거나, 남아 있
는 물건만으로도 임대인의 담보가 충분하다는 것이 명백한 경우
에는 임대인은 반출에 대해 이의제기를 할 수 없다.

반출이라는 사실행위는 반입에 대응하는 개념이다. 반입과 마
찬가지로 반출은 행위능력이 있든 없든, 의사가 결여되어 있든 아
니든 누구에 의해서도 행해질 수 있으며, 그를 다툴 수는 없다.[139]
원칙적으로 질권의 소멸을 가져오는 반출은 문언에 따라 "토지로
부터" 행해져야 하며, 토지의 성질을 갖지 않는 임대인의 임대공
간으로부터 행해져서는 아니된다.[140]

예를 들어 물건을 수리하기 위하여 또는 통상적인 옥외사용

---

138) OLG Jena, GE 2006, 383.

139) RGZ 71, 418 f.; LG Mannheim, ZIP 2003, 2374; *Ehricke*, KTS 2004,
321, 324 ff.

140) Protokolle(의사록) II 207 f; RGSt 10, 321.

을 위하여 **물건을 토지로부터 일시적으로 반출**하였다가 다시 반입시킨 경우의 효력에 관하여는 다툼이 있다. (민법전 제647조에 따른 도급계약에 있어서의 수급인 질권과 같은) 선행 질권인 임대인의 질권이 중간 시점에 발생하도록 임대인을 보호하여야 한다는 견해는, 질물이 토지 밖에 있는 동안에도[141] (임대인의 질권이) 존속한다는 것에 찬성한다. 임대인의 토지 밖에서도 질권이 계속하여 존속하는 것에 반대하는 견해는,[142] 다음과 같은 법실무적 이유를 그 논거로 하고 있다: 임대인의 토지 밖에 놓여있는 물건에 임대인의 질권의 존속가능성을 허용하게 되면, 질권이 유지되는 일시적 반출과 질권이 소멸되는 영속적 반출의 구분의 문제와 증명의 곤란성이 잠재적으로 존속하게 될 것이다.

통상적인 생활관계는 개인에 의한 것만이 아니라 민법전 제578조(토지 또는 공간의 임대차)에 따른 영업장소로부터 **업무에 수반하는 통상적인 반출**도 포함된다. 물건의 매각, 수리를 위한 물건의 반출, 전체 소유자동차[143]로부터 자동차의 출차, 일일매표소로부터 금전의 반출 등의 경우가 그러하다.[144]

임대인의 이의제기는 특별한 형식을 요하지 않으며, 원칙적으로 언제나 반출이 있는 경우에 행해져야 한다.[145]

정확히 평가해 보지 않아도 임대인에게 남아있는 물건을 통해 이미 충분히 담보가 이루어지고 있다는 것에 아무런 의심이 없는 경우에 한하여, 임차인은 (임대인의) 이의제기에 대해 민법전 제562조의a 제2문에 규정된 이송의 항변을 관철할 수 있다.[146]

---

141) LG Neuruppin, NZM 2000, 92.

142) OLG Karlsruhe, NJW 1971, 624 f.; OLG Hamm, MDR 1981, 407.

143) OLG Hamm, MDR 1981, 407.

144) LG Mannheim, ZIP 2003, 2374 f.

145) *Ehricke*, KTS 2004, 321, 326 f.

민법전 제562조의b는 민법전 제229조(자력구제)에 대한 관계에서 저지 내지 이의제기권의 관철을 위한 **특별한 자력구제권**이다. 동조는 이러한 목적과 비례하며, — 저지 내지 이의제기권과 똑같은 — 민법전 제562조의b 제1항 제2문(임차인의 퇴거)의 경우를 제외하면 임차인을 담보가능한 물건의 점유로부터 지속적으로 배제할 권리를 부여하는 것이 아니라,[147] 단지 담보가능한 물건을 임대된 토지 상에 유지할 권리만을 부여할 뿐이라는 것을 인식하고 있다.[148] 제1문에 따르면 임대인은 반출에 이의제기할 권원이 있는 한, 법원에 제소하지 않고도 자신의 질권 대상이 된 물건의 반출을 저지할 수 있다. 제2문에 따르면 임차인이 퇴거하는 경우, 임대인은 이러한 물건을 점유하여도 된다.

민법전 **제562조의b 제2항**은 다음과 같이 규정하고 있다: 물건이 임대인이 **알지 못하는 사이에** 또는 임대인의 이의제기 하에 **반출**되었다면, 그는 토지위에 재반입을 위하여 반환을 요구할 수 있고, 임차인이 퇴거하였을 때는 점유의 이전을 요구할 수 있다. 질권은 임대인이 이러한 청구권을 미리 법원에 주장하지 않은 경우에는 그가 물건의 반출을 알게 된 후 1개월의 경과로 소멸한다.

임대인은 **구체적으로 급박한 임차인의 퇴거**에 있어서는 **법원의 가처분**을 통해 민법전 제823조 제1항(기타 권리), 형법전 제289조과 연결된 민법전 제823조 제2항, 민법전 제985조, 제1004조, 제816조 제1항(질물 매각의 경우)으로부터 발생하는 그의 청구권을 담보할 수 있다는 것을 알아야 한다(민사소송법 제925조).[149]

임대인은 반출이 계속되는 한, 즉 그것이 시작하여 종료될 때

---

146) RGZ 71, 418, 420.

147) OLG Düsseldorf, ZMR 1983, 376 f.

148) OLG Karlsruhe, NZM 2005, 542.

149) OLG Hamm, NZM 2001, 623; OLG Rostock, WuM 2004, 471 f.

까지 민법전 제562조의b 제1항 제1문에 따라 그에 대응할 수 있다. 물건이 토지로부터 반출된 후에는 임대인은 단지 민법전 제229조(자력구제)의 전제조건의 존재하에서 추급권만을 갖는다. 그 경우를 제외하면 물건이 반출된 후에는 임대인은 민법전 제562조의b 제2항으로부터 나오는 권리만을 갖는다.

민법전 제562조의c는 담보제공을 통한 질권 회피를 내용으로 한다. 임차인은 임대인의 질권 주장을 담보제공을 통해 회피할 수 있다. 그는 모든 개별적인 물건을 그것의 평가액에 해당하는 담보를 제공함으로써 질권으로부터 해방시킬 수 있다.

6.2.4 구체적 사례에 있어서 임대인의 질권의 전제조건에 대한 검토

V(임대인)는 M(임차인)의 퇴거가 임박한 경우 또는 이미 계속되고 있는 경우에는 민법전 제578조, 제562조, 제562조의b에 따라 M(임차인)에 의하여 반입된 물건에 대한 점유청구권을 가질 수 있다.

민법전 제562조는 주거의 임대인에게 임대차 관계로부터 발생하는 모든 채권의 담보를 위하여 임차인이 반입한 물건들에 점유없는 법정 질권을 보장하고 있다.

민법전 제562조의b는 민법전 제229조의 일반적인 자력구제와 비교할 때, 특별한 임대인의 자력구제권을 규정하고 있다: 임대인의 질권이 존재하는 경우, 임대인은 물건의 반출을 저지할 수 있으며, 임차인이 퇴거하는 경우 임차인의 물건을 자신의 점유 하에 둘 수 있다.

민법전 제526조의b 제1항은 다음과 같이 규정하고 있다: 임대인은 반출에 대해 이의를 제기할 권원이 있는 한, 그의 질권에 속하는 물건의 반출을 법원에 제소함이 없이도 저지할 수 있다. 임차인이 퇴거한다면, 임대인은 이 물건들을 그의 점유 하에 둘 수 있다.

민법전 제562조의b 제2항은 다음과 같이 규정하고 있다: 물건이 임대인도 모르는 사이에 또는 임대인의 이의제기 하에 반출되었다면, 임대인은 토지로의 재반입을 위하여 반환을 요구할 수 있고, 임차인이 퇴거한 경우에는 점유의 이전을 요구할 수 있다. 임대인이 그가 이러한 청구권을 미리 법원에 주장하지 않은 경우에는, 질권은 임대인이 물건의 반출을 인식한 후 1개월이 경과함으로써 소멸한다.

계약으로 약정된 임대료의 지불에 근거한 채권이 존재하고 이행기가 도래한다.

민법전 제90조에 따를 때, 단지 유체물만이 물건이다.

면책증권은 민법전 제562조의 의미에서의 물건에 속하지 않는다.

승용차, 자전거, 기둥난로, 금전 그리고 유가증권은 유체물이며, 따라서 민법전 제562조 제1항 제1문의 의미에서의 물건이다. 이에 반하여 면책증권으로서의 예금통장은 민법전 제1항 제1문의 의미에서의 물건이 아니다. 왜냐하면 면책증권(Legitimationspapier)은 단지 면책증권을 통하여 확인된 채권에 관하여 순수히 가치를 증명하는 기능만을 가질 뿐, 독자적인 자산가치를 갖지 않기 때문이다. 이렇게들 이야기한다: "서면에 표창된 권리는 이를 행사함으로써 권리가 된다(역주: 소유권이 채권을 따른다)". 보험증서, 자동차 등록증 또는 예금통장 등이 면책증권의 예에 해당한다.

6.2.5 유가증권들

다시 한 번 강조하건대, 모든 협의의 유가증권(Wertpapiere)들은 물건이다. 협의의 유가증권들은 바로 그 증서에 화체된 채권의 주장을 위한 전제조건이다. 이렇게 말할 수 있다: 소유권은 채권에 따른다. 협의의 유가증권에 관한 예로는 무기명주식, 입장권, 상품권 등이 있다.

유가증권은 단지 증서의 소지자만이 그 권리를 주장할 수 있는 사적 권리에 관한 증서인데, 이는 증서 자체가 바로 가치를 갖는다는 것을 의미한다.

단순한 면책증권은 유가증권과 구분되어야 한다. 단순한 면책증권은 특정인이 채권자라는 것을 증명해 주는 표지가 되는 증서이다. 채무자는 면책증권의 소지자에 대한 이행을 통하여 채무로부터 면제되지만, 소지자가 채권자와 일치하지 않는 경우는 그에게 이행할 의무를 지지는 않는다. 또한 채권자가 이행을 요구할 수 있기 위하여 동 서면을 필요로 하지도 않는다.

민법전 제808조(소지인 출급조항이 있는 기명증권)상의 불완전한 무기명증권(hinkendes Inhaberpapier)은 강화된 면책증권이라고도 불리우는데, 이는 채무자는 (이름이 달라도) 증권의 존재에 따라 지급할 수 있다는 점에서 단순한 면책증권과 구분된다. 이 경우에도 지급은 해방효(解放效, Befreiungswirkung 또는 Liberationswirkung)를 갖는다. 이는 채무자는 증권의 소지자에게 지급할 수 있으며, 이러한 지급에는 해방효가 동반된다는 것을 의미한다. 소지자의 권한은 중요하지 않다. 강화된 면책증권은 무기명증권과 달리 채무자에게 소지자에게 지급할 의무를 지우지 않기 때문에 불완전한 무기명증권이라고 불리운다. 예금통장이 불완전한 무기명증권의 예에 해당한다.

6.2.6 소유권의 추정, 질권의 배제 및 소멸

물건이 임차인의 소유에 속하는지 여부의 문제에 관하여는 민법전 제1006조 제1항의 소유권 추정이 적용된다. 이에 따르면 동산의 점유자를 위하여 그가 물건의 소유자라는 추정이 행해진다. 사실상의 지배권으로서의 점유는 권리의 존재에 대한 강력한 외관이며 중요한 판단의 근거가 된다. 다만, 소유권 추정에 대하여 중요한 반대 논거가 있는 경우에는 그러하지 아니하다.

예시사례의 경우 경찰은 그것 모두가 M의 물건이라는 것에 근거할 수 있다.

M의 물건은 그에 의하여 반입되었음이 틀림없다.

반입은 의사에 기한 것으로, 단순히 일시적으로 물건을 들이는 것은 반입에 해당하지 않는다.

반출된 물건이 다시 그 토지로 돌아온다면, 단기간의 반출 또한 반입에 포함된다. 따라서 예시사례의 경우 자전거, 기둥난로와 다시 토지로 돌아오는 승용차는 반입된 것이라는 결론이 도출된다.

질권의 배제요건이 존재하여서는 안된다.

사회정책적 차원에서 규정된 민사소송법 제811조는 질권의 배제로 이어질 수 있다. 동조에는 압류할 수 없는 물건들이 열거되어 있다.

민사소송법 제811조에서 열거된 물건들의 다양함으로 인해 단지 법률을 한번 개관해 보는 것만으로도 모든 개별 사례에서 법발견이 용이하게 된다. 민사소송법 제811조 제1항 제1호에 따르면 예를 들어 다음의 물건들은 압류를 할 수 없다: 즉, 개인적 사용이나 살림살이에 필요한 물건들, 특히 의류, 빨랫감, 침구류, 가구나 주방기구들은 채무자가 그의 직업 활동이나 채무부담에 상당한 최소한의 생활을 영위하고 가계운영을 위하여 그것들을 필요로 하는 한 압류를 할 수 없다. 나아가 정자나 별실 그리고 주거목적을 위한 그에 유사한 시설들은, 그것이 동산에 대한 강제집행에 종속된다고 하더라도 채무자나 그의 가족의 상시적인 숙박을 위해 필요로 하는 경우에는 압류할 수 없다.

예시사례의 경우 경찰은 구체적인 문제해결의 단서를 민사소송법 제811조 제1항 제5호에서 찾게 될 것이다. 민사소송법 제811조 제1항 제5호에 따르면, 신체적 · 정신적 작업 또는 기타 개인적인 업무를 생업으로 하는 사람들에 대해서는, 이러한 생업을 유지하기 위하여 필요한 물건 등은 압류할 수 없다. 승용차 가운데 영업적으로 사용되는 택시는 압류가 금지는 것으로 이해되고 있는데, 왜냐하면 그것은 생업을 유지하는 데 기여하기 때문이다. 따라서 승용차의 경우는 압류가 금지되지만, 자전거와 기둥난로는 압류가 금지되지 않는다. (수리를 위해 기히 반출된) 기둥난로에 대한 질권은 민법전 제562조의a에 따라 소멸될 수 있다. 민법전 제562조의a 제1문에 따르면 임대인의 질권은 토지로부터 물건의 반출됨으로써 소멸되지만, 반출이 임대인이 모르는 사이에 행해지거나 임대인의 이의제기 하에서 행해진 경우에는 그러하지 아니하다. 민법전 제562조의a 제2문에 따를 때, 반출이 통상적인 생활관계에 부합하거나 남아 있는 물건만으로 임대인의 담보에 명백히 충분한 경우에는 임대인은 이의제기를 할 수 없다. 수리를 위한 반출은 통상적인 생활관계에 부합하기 때문에, 예시 사례의 경우 이의제기는 불가능하다.

6.3 소 결

질권이 (임차인에 의해) 무시되면 형법적으로는 이 경우에도 형법전 제289조가 적용된다. 형법전 제289조는 동산의 비소유자가 용익권, 사용권, 유치권 또는 질권을 갖는 경우에, 그를 동산의 소유자로부터 보호하고 있다. 동조는 많은 내용을 담고 있는 긴 규정이다. 사례의 경우 단지 형법전 제289조로부터 추출된 다음과 같은 문장을 읽어보는 것만으로 충분하다: 자신의 동산을 위법한 의도로 질권자로부터 탈취하는 자는 처벌된다. 형법전 제289조 제2항에 따라 미수범은 처벌된다.

따라서 임차인이 임대인의 의사에 반하여 자신의 물건을 가지고 나간다면, 그는 담보물 부당탈취로 처벌된다.

임대인의 점유에 속하여야 할 물건이 분별없는 임차인의 급박한 행동이나 임대인의 경솔한 의도에 의해 위험에 처한 경우, 또는 (임차인에 의한) 물건의 재획득 가능성을 없애고자 하는 임대인의 청구권이 법원에 의해 종국적으로 부인되는 경우에만, (경찰에 의한) 영치가 요구되고, 따라서 비례의 원칙에 합치될 수 있다.

그 밖의 경우에는 사법적(私法的) 평가에 따라 처리되어야 한다.

다음의 사례는 지금까지의 서술한 내용들에 대한 이해를 확인해 보기 위한 것이다. 임차인이 임대인에 대하여 물건을 준다는 의사표시를 한다면 어떻게 되는가? 임대인이 물건을 영치하기 위하여 경찰을 불렀다면, 이로써 그 물건의 존치에 대한 사법적(司法的) 결정이 행해진 것인가? 아니다. 경찰상 영치는 사법적 법률관계에서 처음부터 필수적인 일련의 조치에 포함되지 않고, 표준적 조치로서 경찰법적 전제조건이 존재하는지에 따라 행해져야 한다.

임차인의 물건에 대한 임대인의 질권이 위험해질 때에 비로소 다음과 같은 결론이 적용된다.

경찰관에 의해 현장에서 즉각적으로 사실적 및 법적 상황이 질권 배제에 이를 정도까지로 명확하게, 또한 포괄적으로 설명될 수도 없는 것이 일반적이다. 따라서 물건의 손상이나 가치하락 또는 사후에 물건이 일방 당사자의 점유에 다시 속하게 될 가능성이 없어져 권리와 증거가 상실되는 것을 예방하기 위하여, 확인 당시의 상태가 확보되어야 한다.

따라서 전형적인 경찰조치들이 우선 행해질 수 있다. 반입된 임차인의 물건에 대해 확실한 채권상환이 있을 때까지 경찰법상의 영치를 행하되, 가구제 결정이 있을 때까지는 임차인이 생활을 위하여 사용하는 것들은 영치대상에서 제외된다.

이에 더하여 긴급구제절차를 통한 가구제에 관하여도 (경찰이) 양 당사자에게 알려줄 수 있다.

7. 임대차계약과 도주하는 채무자

7.1 예시사례 "편도 티켓"

출동현장에서 경찰은 임대인 V와 임차인 M을 만난다. M은 임
차관계로부터 채무를 가지고 있다. M이 반입한 물건의 가치는
채무의 가치를 거의 충당하지 못한다. M은 외국으로 가고자
한다. M이 외국에서 다시 돌아와 여전히 남아있는 임대료를
납부할지 여부는 불확실하다.

7.2 예시사례의 해결

7.2.1 가압류와 가구금

예시사례의 경우 V의 임대인 질권은 가치가 없다. 왜냐하면 현
존하는 물건이 임차관계로부터 발생한 채권을 거의 충당하지 못하기
때문이다.

금전채권이나 금전채권으로 전환될 수 있는 청구권에 기한
장래의 집행을 확보하기 위한 가압류와 가구금 절차가 긴급구제절
차로서 고려된다. 가압류와 가구금은 가구제의 일부분이다.

민사소송법 제916조는 모든 가압류와 가구금절차의 전제조건을
일반적으로 규정하고 있다. 민사소송법 제916조 제1항은 다음과
같이 규정하고 있다: 가압류와 가구금은 금전채권이나 금전채권으
로 전환될 수 있는 청구권에 기한 동산이나 부동산에 대한 강제집
행의 확보를 위하여 이루어진다.

민사소송법 제917조는 채무자의 재산에 대한 가압류를 규율한
다. 민사소송법 제917조 제1항에 따르면 가압류는 가압류 없이는
판결의 집행이 불가능하거나 현저히 곤란해지게 될 염려가 있을
때에 행해진다. 민사소송법 제917조 제2항에 따르면 판결이 외국

에서 집행되어야 하고 상호주의가 보장되지 않는 경우, 그것은 가압류의 충분한 근거로 간주될 수 있다.

민사소송법 제918조에 따르면 가구금은, 채무자의 재산에 대한 강제집행을 확보하기 위해 필요한 경우에 한해서만 허용된다.

7.2.2 사권의 보호를 위한 보호조치

가압류와 대비되는 경찰법상의 조치는 영치이다. 가구금에 대비되는 경찰법상의 조치는 보호조치(Ingewahrsamnahme)이다.

예시사례의 경우 민사소송법 제918조의 전제(조건)들이 존재하고 있다.

노르트라인-베스트팔렌주 경찰법 제35조 제1항 제5호에 따르면 경찰은 사적 권리를 보호하기 위하여 불가결한 경우와 민법전 제229조와 제230조 제3항에 따라 사람의 체포와 구인이 허용되는 경우에 사람을 보호조치할 수 있다.

채무자의 도주가 저지되지 않으면, 민사법원을 통한 가구금은 불가능해지거나 현저히 곤란해진다.

사안에 대한 인식가능한 제반 사정들에 따를 때, 일반적 경험칙을 고려하면 채무자에 대해 즉시 보호조치를 하지 않으면 채무자가 도주를 통해 책임을 면탈하게 될 것이라는 것을 인정할 수 있는 합리적 이유가 있는 경우에 도주혐의가 존재한다.

경찰은 M을 보호조치할 수 있다. 왜냐하면 가구제 자체가 경찰이 활동할 수 있는 것만큼 신속하게 행해지지는 않기 때문이다.

보호란 고권력 행사를 통하여 만들어진 법적 관계로서 개인의 자유를 박탈하는 것을 말하는데, 보호를 통하여 개인은 경찰에 의해 경찰목적에 부합하는 방식으로 구금되고, 이동하는 것이 저지된다.[150]

---

150) OVG Münster, NJW 1980, 138 f.; VG Bremen, NVwZ 1986, 862.

보호는 상태를 나타나는 것이며, 보호조치는 그러한 상태를 만드는 과정을 나타낸다.

보호조치에 관한 결정에 앞서 **유럽법원의 재판적**(裁判籍) **규정 과 집행규정 그리고 루가노 협약**(Das Luganer Übereinkommen, 역주: 1988년 루가노에서 채택한 민사 및 상사에 관한 외국판결의 승인 및 집행 에 관한 협약)과 같은 법원(法源)들이 고려되어야 한다. 루가노 협약 에는 국경을 넘는 강제집행의 사안에 대하여 상호주의적 차원에 서 권리구제를 보장하고 있는 나라들이 열거되어 있다. 이러한 나 라에는 모든 유럽연합의 회원국과 아일랜드, 노르웨이, 스위스가 속한다.

이러한 법률들을 통해 독일의 법집행력이 더 커진 셈이 된다. 왜냐하면 모든 지속적인 외국체류가 가구금에 대한 근거가 될 수 있는 것이 아니라, 여기서 열거된 나라들 내에 채무자의 일정한 주거지가 있는 경우에는 현장에 존재하는 물건의 점유취득 외에 는 신원확인만이 고려될 수 있기 때문이다.

따라서 (일정한 주거지가 있는지와 같은) 구체적인 사안이 중요 하다. 상호주의적 차원에서 권리구제를 보장하고 있는 국가들 내 에서 **민사절차를 위한 계속적 연락가능성이 사실상 확보되어 있는 경우에는**, 그래서 채무자가 독일에서 연락가능한 상태로 있는 것 처럼 거의 내국인과 마찬가지로 취급될 수 있다면, 경찰조치들이 우선적으로 취해질 수 있다. 예컨대 영치나 임대인에 의한 현존하 는 물건의 점유취득 보장, 그리고 임차인에 대한 연락가능성 확보 가 그것이다.

도주자의 정착지가 여기서 열거되지 않은 제3국이라면, 가구 금 또한 고려된다.

끝으로 유럽법원의 집행규정(EuGVVO)[151]과 루가노 협약 (LugÜ)[152]과 같은 법원(法源)들이 **위험예측**(Gefahrenprognose)에 있어서 중요한 역할을 한다. 위에 열거된 국가 내에 일정한 주거가 있는 경우에는 권리의 실현이 곤란하거나 불가능해질 위험은 더 적으며, 일정한 기간 동안 확실한 주거가 있는 경우에도 그러하다. 일정한 주거에 관하여 확실하게 인식하기 전까지는 가구금 또한 계속 가능하다. 경찰실무상으로는 결정시점에서 아마도 전입신고 기관에 의한 심사가 행헬질 수 있기는 하지만, 실질적인 주거지에 대한 결정적 심사가 확실하게 종료되는 것이 아니기 때문에 보호조치를 선택수단으로 남겨 두는 것이 보통이다.

7.3 소 결

경찰은 종국적으로 다음과 같은 조치를 취할 수 있다: 임차인은 보호조치 통지와 더불어 경찰의 보호에 들어간다. 반입된 물건은 임대인에게 맡겨 둔다. 권리구제를 위하여 필요한 사항을 알려 준다.

---

151) 법원의 관할 및 민사와 상사판결의 승인과 집행에 관한 법규명령 – 2000.12.23. 이사회의 법규명령 Nr. 44/2001 (ABl. 12 vom 16.01.2001 S. 1; ber. ABl. L 307 vom 24.11.2001 S. 28), 2002.3.1. 발효.

152) 법원의 관할 및 민사와 상사판결의 승인과 집행에 관한 협약 – 루가노 협약.

8. 임대차관계와 독단적 조치

8.1 예시사례 "자물쇠를 둘러싼 소동"

출동현장에서 경찰은 임차인 M과 임대인 V를 만났는데, 양자는 모두 임대된 주거의 문 앞에 서 있었다. M과 V는 다투고 있다. V는 M의 부재 중에 임대 주거의 문의 자물쇠를 교체하였다. M은 지금 무엇이 행하여져야 하는지를 (경찰에게) 묻는다. V는 주거에 대한 자신의 소유권과 진행된 사실을 설명한다. V는 M에게 M의 물건을 내주려고 한다. M은 여전히 제2의 주거를 시내에 갖고 있다.

8.2 예시사례의 해결

민법전 제535조에 따른 임대차관계가 존재한다. 그리고 임대인은 민법전 제535조에 따라서 임대물을 양도하고, 그를 계약의 내용에 따라 사용하게 할 의무를 부담한다.

민법전 제546조는 임대차계약에 있어서 임차인의 인도의무를 규율한다. 인도의무는 임대차관계가 법형식적으로 그리고 사실상으로도 확정적으로 종료된 경우에만 존재한다.

임차주거나 임차된 영업공간은 적법한 해지통고 후의 명도소송의 제기를 통하여 인도할 것이 요구되어야 한다. 자물쇠의 교체 (진입차단)는 허용되지 않으며, 임차인에게는 다시 점유를 비워줄 것을(재명도해 줄 것을) 요구하는 소송을 제기하거나 가처분을 발해 줄 것을 신청할 권원이 인정된다.

이러한 결론은 이미 민법전 제854조 이하의 점유보호규정들로부터 도출된다. 이 규정들은 점유가 방금 막 불법적으로 취득된 경우가 아니라면, – 그것이 적법하든 불법이든 – 점유 그 자체를

보호하고 있다. 이는 무엇보다도 그들 규정속에 다음과 같이 의미 있게 표현되어 있다:

점유는 물건에 관한 사람의 사실상의 권리관계이다(민법전 제854조).

이러한 사실 상태에 장해가 발생한다면, 그러한 장해는 점유 자체가 불법적으로 취득되었는지 여부와 상관없이 불법적이다(민법전 제858조).

점유자는 금지되어 있는 자력구제를 실력으로 막을 수 있다 (민법전 제859조).

점유가 불법적일 지라도 사적(私的) 자력구제로부터 절대적으로 보호되는 점유의 유일한 예외가 민법전 제859조로부터 나온다. (점유에 대한) 장해를 야기하는 행위가 현장에서 발각되면, 이전의 점유자는 (사적 제재를 통해) 즉각적으로 점유를 박탈한 후에 다시 이전의 점유상태로 돌아갈 수 있다.

예시사례에서의 결론: M은 점유자였다. 자물쇠의 교체로 점유상황이 바뀌어질 수 있다. 왜냐하면 이제 V가 공간에 대한 사실상의 지배권을 갖게 되기 때문이다. 그러나 M이 나쁜 채무자였는지 여부와 상관없이, 이 경우의 점유박탈은 부적법하였다. M은 이러한 사실을 발견한 후에 즉시 점유에 대한 장해를 그러한 장해가 발생하기 이전의 상태로 되돌릴 수 있다.

이로써 M은 적합한 조치를 통하여 점유를 다시 취득할 수 있다.

점유자가 민법전 제859조 제1항에 따라 금지된 자력구제를 실력으로 막아도 되기 때문에, M은 V가 다시금 자물쇠를 교체하는 때에는 있을 수 있는 V의 저지 시도로부터 경찰을 통한 보호를 받아야 한다.

자물쇠의 교체는 형법전 제240조에 따라 M에 대한 V의 강요에 해당한다. V는 주거에서의 계속적 거주를 중단시키고자 물리적 강제를 통하여 M에게 그를 강요하고 있는 것이다.

8.3 소 결

임차인은 - 경우에 따라서는 경찰의 보호 하에 - 자물쇠를 독자적으로 또는 열쇠수리업체의 도움을 받아 교체할 수 있다. 경찰은 주어진 법적 가능성만을 보호할 뿐, 자물쇠 교체와 같은 조치를 취하지는 않는다.

강요가 존재하는 경우 형사고소가 행해진다.

9. 습득물(유실물)

9.1 예시사례 "기대되는 것: 창의적인 경찰관"

유실물의 소유자인 E는 습득자인 F와 동시에 경찰초소에 나타나 F에게 자신의 물건의 인도를 요구한다. F는 E가 습득물에 대한 보상을 지불하는 경우에만, E에게 물건을 돌려주려고 한다. 이 때 제3자인 D가 나타나 자신이 그 물건을 제일 먼저 보고 F에게 보여 줬으며, 이제 자신이 그 물건을 취득하려고 한다고 주장한다. 그 밖에 D는 근무자 신분증도 발견하였다. 초소근무자는 이 물건과 관련하여, 그리고 E-F의 관계와 D-F의 관계에서 무엇을 해야 할지를 고민한다.

9.2 예시사례의 해결

9.2.1 습득에 있어서 법정 채권관계

습득자의 권리는 유실자와 습득자 간의 법정 채권관계에 관한 민법전 제964조-제984조에서 습득자의 상당한 의무와 함께 규율되고 있다.

민법전 제965조는 습득자의 신고의무를 규정한다.

민법전 제965조 제1항에 따르면, 유실물(verlorene Sache)을 발견하고 이를 습득한 자는 유실자, 소유자 또는 기타 수령권자에게 지체없이 통지하여야 한다.

습득자가 수령권자를 알지 못하거나 그가 체류하는 곳을 알지 못하는 경우에는, 습득자는 민법전 제956조 제2항에 따라 습득물(Fund)과 수령권자를 찾아내기 위하여 중요한 주위의 사정들을 지체없이 관할 행정청에 알려야 한다.

민법전 제965조 제2항 제2문에 따르면 습득물의 가치가 10유로에 미치지 못하는 경우에는 신고할 필요가 없다.

민법전 제966조는 **보관의무**를 규율한다. 민법전 제966조 제1항에 따르면 습득자는 물건을 보관할 의무가 있다. 민법전 제966조 제1항 제1문에 따르면 습득물이 변질될 염려가 있거나 그 보존에 과다한 비용이 드는 경우에는 습득자는 습득물을 공매할 수 있다. 이 경우 민법전 제966조 제2항 제2문에 따라 공매 전에 관할 행정청에 신고하여야 한다. 민법전 제966조 제2항 제3문에 따라 공매대금은 물건을 대신한다.

민법전 제967조에 따르면 **습득자는** 습득자로서의 권리를 부여받으며, 관할 행정청의 명령에 따라 **습득물이나 공매대금을 관할 행정청에 인도할 의무를** 부담한다.

민법전 제978조는 **공공기관이나 교통 영조물**(Verkehrsanstalt)에서 **습득한 경우에 있어서의 특수성을** 규정하고 있다. 민법전 제978조 제1항 제1문에 따르면 물건을 공공기관의 업무공간이나 운송수단에서, 또는 대중교통을 위한 교통영조물에서 발견하여 그를 습득한 자는, 습득물을 지체없이 그 행정청이나 교통영조물 또는 그 직원 중의 한 명에게 인도하여야 한다. 민법전 제978조 제1항 제2문에 따라 민법전 제965조 – 제967조와 민법전 제969조 – 제977조의 규정들은 적용되지 않는다. 민법전 제978조 제2항 제1문에 따라 습득자가 수령권자에게 습득물에 대한 보상금을 요구할 수 있는 것은, 그 물건이 50 유로 미만이 아닌 경우이다. 민법전 제978조 제2항 제1문에 따라 습득물에 대한 보상금은 민법전 제971조 제1항 제2문과 제3문을 적용하여 도출되는 금액의 1/2이다. 민법전 제978조 제2항 제3문에 따르면 습득자가 행정청이나 교통영조물의 근무자이거나 습득자가 인도의무를 위반한 경우에는, 보상금 청구권이 배제된다. 점유자의 소유자에 대한 지출비용 청구권에 적용되는 민법전 제1001조(비용상환소송)는 민법전 제978조 제2항 제4문에 따른 습득자의 보상금 청구권(Finderlohnanspruch)에 준용된다. 민법전 제978조 제2항 제5문에 따르면 습득자 보상금에 대한 청구권이 존속하는 경우에는 행정청이나 교통영조물은 수령권자에게 물건을 인도할 것을 습득자에게 통지하여야 한다.

9.2.2 습득의 전제조건

민법전 제965조-제984조에서 규율하는 - 위에서 열거한 법적 효과를 가지는 - 법정 채권관계가 발생하기 위한 전제는 습득이다. 습득의 구성요건적 징표는 다음과 같이 정의된다.

습득은 그것이 유실물과 관련있고, 물건을 습득한 자가 소유자가 아닌 경우에만 인정된다. 따라서 습득을 위한 전제조건은 다음의 2가지이다: 1. 유실물 2. 소유자 아닌 습득자.

유체물만이 민법전 제90조의 의미에서 물건이다. 민법전 제90조의a 제1문에 따르면 동물은 물건이 아니다. 그러나 민법전 제90조의a 제2문에 따라 동물에 대해서는 물건에 적용되는 규정들이 준용된다.

민법전 제965조 이하 규정의 물건에는 협의의 유가증권, 즉 채권 주장의 전제로서의 유가증권도 해당하는바, 이러한 유가증권의 경우 "채권이 소유권을 따르게 된다". 협의의 유가증권의 예로는 무기명주식, 입장권, 상품권 등이 있다.

독립하여 재산적 가치를 갖지 못하고 단순히 증명기능만을 가진 면책증권은 민법전 제965조의 의미에서의 **물건**에 속하지 않는바, 이러한 면책증권의 경우에는 "소유권이 채권을 따르게 된다".

면책증권의 예로는 보험증서, 자동차 등록증, 예금통장, 신분증명서 등이 있다.

물건이 점유에서 이탈하였으나 무주물은 아닌 경우에만, 물건이 유실되었다고 말할 수 있다.[153]

점유란 물건에 대한 사실상의 지배력을 말하는데, 이는 물건에 대해 사실상 영향력을 미칠 가능성과 그를 목적으로 하는 점유의사로 구성된다.[154]

따라서 습득자가 습득된 물건에 대해 새로운 점유를 주장할 수 있는 지, 아니면 물건의 발견에 있어서 이미 다른 사람의 점유가 존속하고 있는지 여부가 결정적인 문제이다. 이미 점유가 존속하고 있다면, 물건은 유실된 것이 아니다.

이러한 점을 분명하게 해주는 구체적 사례로는 다음과 같은 것이 있다.

- 도둑이 숨겨놓은 장물에 있어서는 도둑의 점유가 존속하고, 따라서 물건은 유실된 것이 아니다.
- 처음에는 도난되었으나 이후 도로변에 세워져 방치되어 있는 자동차의 경우에는 점유는 통상적으로 포기된 것으로 보아야 하며, 따라서 물건은 유실된 것이다.
- 슈퍼마켓 선반 사이에 놓인 지폐는 유실물이 아니다. 왜냐하면 일반적인 점유의사에 근거한 소지자의 자동적인 점유주장

---

153) *Gottwald*, JuS, 1979, 247.

154) 민법전 제854조 참조.

이 발생하기 때문이다.

언제 유실물의 습득자가 되는지에 관하여는 의문이 존재한다. 민법전은 민법전 제965조 제1항에서 **발견과 습득**에 관하여 언급하고 있다. 발견은 감각적으로 인지하는 것이다. 중요한 것은 습득의 징표인데, 왜냐하면 그것은 다시 점유에 달려있기 때문이다.

습득한 발견자인 F만이 민법전의 의미에서의 습득자이고, 단순히 물건을 처음으로 인지한 D는 여기서의 습득자가 아니다. 그러나 습득이 법률에 위반하거나 공서양속에 반하였던 경우에는, D-F에 대한 손해배상청구권은 배제되지 않는다.

9.2.3 습득자와 소유자에 관한 결과들

습득자는 민법전 제971조에 따라 습득물에 대한 **보상금**을 청구할 권리를 갖는다. 이러한 보상금 청구권에 기하여 습득자는 습득된 물건에 대하여 민법전 제972조와 제1000조상의 **유치권**을 갖는데, 이는 그가 보상금을 소유자로부터 수령할 때까지는 소유자에 대하여 물건의 인도를 거절할 수 있다는 것을 의미한다.

소유자는 민법전 제974조로 인해 결정을 미룰 수가 없다. 왜냐하면 습득자는 기한을 설정하여 소유자에게 습득자 보상금에 관해 **의사를 표명하고 이를 이행할 것을 요구**할 수 있고, 이를 이행하지 않는 경우에는 습득자가 그러한 기간의 경과 후에 물건에 대한 소유권을 수령하게 되기 때문이다.

민법전 제975조에 따르면 습득자의 권리는, 물건이 **공법상의 임치**에 들어간 경우에도 영향을 받지 않는다.

9.3 소 결

일반적으로 가장 만족스런 해결방법은 물건을 공법상의 임치에 넣는 것이다. 왜냐하면 민법전 제967조에 따라 습득자는 행정청의 명령에 따라 그렇게 할 의무가 있기 때문이다. 소유자가 이에 대하여 물리적으로 대응하면, 그는 형법전 제289조에 따라 담보물 불법탈취죄로 처벌될 수 있다. 왜냐하면 습득자가 유치권을 갖고 있기 때문이다.

따라서 경찰에 의한 종국적인 결정은 다음과 같은 것을 그 내용으로 한다: 법적 상황에 대한 참고적 설명, 습득통지 및 당사자 간의 합의나 민법전 제974조(수령권자의 무응답으로 인한 소유권 취득)에 따른 법적 효과가 있기까지 습득물 보관.

10. 가족법

10.1 예시사례 "가족간의 유대"

> 경찰 초소에 16세 딸 T에 대한 양육권을 가진 어머니 M이 나타난다. M은 딸이 21세 된 그녀의 남자친구 F의 집으로 이사를 갔다고 진술한다. M은 자신의 양육권을 관철하고자 하며, 초소근무자들이 무엇을 해줄 수 있는지를 묻는다.

10.2 사례해결을 위한 법

10.2.1 가족법 안에서의 경찰법

경찰법률들은 보호조치를 규정하고 있는데, 이는 경찰이 양육권자의 보호에서 벗어난 미성년자를 양육권자나 청소년보호청(Jugendamt)에 인도하기 위해 보호하는 것을 말한다.[155]

보호(Gewahrsam)란 고권력을 통하여 설정되는 법적 관계로, 그를 통하여 경찰이 경찰목적에 부합하는 방식으로 보호하고 다

---

155) 미성년자의 보호조치와 경찰에 의한 보호조치의 허용성에 관하여 상세한 것은: *Kahl*, Kriminalistik 2013, S. 208－216.

른 곳으로 움직이는 것을 저지함으로써 사람의 자유를 박탈하는 것을 말한다.[156)]

보호는 상태를 나타낸다. 보호조치는 그 상태가 이루어지는 과정이다.

청소년보호법상 **아동**(Kind)은 아직 14세에 이르지 않은 자를 말하며, 14세 이상 18세 미만자는 청소년(Jugendlicher)이다.

미성년자의 보호는 통상적으로 청소년보호법을 통해 특별법적으로 보장되고 있다. **청소년보호법에 따른 관할권**은 각 주의 청소년보호에 관한 관할권을 정하는 규정에 따라서 규율된다. 그리고 이 청소년보호 관할권에 관한 명령(Verordnung)들에 따라 지역의 질서관청과 청소년보호청의 관할권이 분명해질 수 있다. 이에 따르면 경찰은 긴급한 경우에 있어서의 즉시조치에 관해서만 (청소년보호청 외에) **신체적, 정신적, 정서적 복지의 보호를 위한 조치를** 취할 권한을 갖는다.

위험의 진단과 예측에 있어서는 친자관계의 특수성이 고려되어야 한다.

아동의 자기결정권과 부모의 거소결정권 간의 긴장관계가 존재하는데, 이 경우 나이가 많아질수록 그 관계의 중심이 아동의 자기결정권 쪽으로 바뀐다.

법률적으로 부모 또는 부모 중 어느 한쪽은 민법전 제1632조 제1항에 따라 거소결정권에 기해 부모 또는 부모 중 어느 한쪽의 의사에 반하여 아동을 불법적으로 데리고 있는 자에 대해 **아동의 인도청구권**을 갖는다.

나아가 민법전 제1632조 제2항에 따라 양육권은 제3자와 친하게 지내거나 멀리하도록 함으로써 **아동의 교제**까지 결정할 권리

---

156) OVG Münster, NJW 1980, 138 f.; VG Bremen, NVwZ 1986, 862.

를 포괄한다.

민법전 1632조 제3항으로부터 **아동의 인도에 관한 결정이 가정법원의 관할이라는 것**, 그리고 이것은 단지 부모 중 어느 한쪽의 신청만으로 개시된다는 결론이 도출된다.

민법전은 **아동의 자기결정권**(Selbstbestimmungsrecht)은 부모에 의하여도 성장단계에 따라 고려되어야 한다는 것을 명백하게 밝히고 있다. 민법전 제1626조 제2항 제1문은 다음과 같은 것을 요구하고 있다: 부모는 아동을 돌보고 교육함에 있어서, **독립적이며 책임 인식적 행위에 대한 아동의 성장 능력과 성장 욕구**를 고려하여야 한다. 민법전 제1626조 제2항 제2문은 더 구체적으로 규정하고 있다. 부모는 아동의 성장단계에 따라 부모의 양육에 관한 문제에 대하여 아동과 상담하고, 합의에 힘써야 한다.

이 경우 민법전은 다른 사람과의 유대(감) 또한 아동의 행복에 속할 수 있다는 것에서 출발하고 있는바, 민법전 제1626조 제3항은 다음과 같이 규정하고 있다: 통상적으로 부모의 양쪽 모두와의 교제는 아동의 행복에 속한다. 그들과의 교제가 아동의 성장을 위해 유익한 경우에는, 아동이 유대감을 갖고 있는 다른 사람과의 교제의 경우 또한 마찬가지이다.

이들 규정들에 대한 총체적 평가는 아동의 연령에 따라 단계를 달리하는 조치(개념)에 관한 중요한 논거를 보여 준다. 중요한 법률행위와 그의 법적 효과들과 관련하여, 입법자는 아동의 자기결정 능력에 관한 일반적 추정으로서 다음의 연령들을 확정하였다.

- 민법전 제104조 이하, 제한된 행위능력: **7~18세**
- 민법전 제828조, 조건적 책임성: **7~18세**
- 종교적 아동양육법(KErzG) 제5조, 자기종교 결정권: **14세**
- 형법전 제19조, 책임능력: **14세**

- 민법전 제1303조, 혼인능력: 16세
- 민법전 제2229조, 유언능력: 16세
- 형법전 제171조, 보호의무위반: 16세 미만
- 형법전 제182조 제3항, 청소년에 대한 성적 학대: 14~16세
  * 성적 자기결정권의 결여를 이용한 행위자적 착취에 있어서는: 16
    세 이상

기본법 제1조로 인해 모든 경우에 있어서 아동의 의사가 함께 고려되어야 한다.

그 밖에 형법전 제235조(미성년자 약취 유인)도 해당될 수 있는 형벌규정이다. 하지만 예시사례의 경우는 이에 해당되지 않는 바, 형법에서 아동이란 14세 미만의 자를 말하며, 18세 미만의 미성년자 약취와 유인에 있어서는 제1호의 행위유형 중 하나, 즉 폭력, 민감한 해악을 고지하는 협박, 위계 등이 존재하여야 하기 때문이다.

10.2.2 아동인도의 집행

10.2.2.1 인도 명의(Herausgabetitel)

모든 경우에서 인도요구를 관철하려면 아동의 인도의무를 명백하게 정하는 법원의 결정이 필수적으로 요구된다. 화해 절차에 있어서도 인도청구권이란 표현이 유효하게 쓰일 수는 있다. 그러나 집행의 근거는 그를 승인하는 법원의 결정이다(「가사사건 및 비송사건의 절차에 관한 법률」(FamFG) 제86조 제1항 제2호와 제156조 제2항).

10.2.2.2 직권개시절차

아동 인도에 관한 결정의 집행은 가정법원의 임무이다. 따라서 집행에 대한 채권자의 위임은 필요하지 않다. 법원은 적합한 강제수단을 의무에 적합한 재량에 따라 선택하고, 필요한 경우 직접강제를 법원집행관에게 위임한다.

10.2.2.3 집행의 유형

가사와 비송사건절차법 제89조 제1항에 따라 법원은 인도명의의 집행과 과태료 또는 과태료를 대체하는 직접적인 질서구금을 명할 수 있다. 이를 넘어서 법원은 법원집행관을 통한 권력적 아동의 인수를 허용할 수 있다(가사와 비송사건절차법 제90조 제1항).

10.2.2.4 직접강제(unmittelbarer Zwang)

10.2.2.4.1 법원집행관을 통한 실력행사

아동인도의 집행을 위한 최후의 수단으로서「가사사건 및 비송사건의 절차에 관한 법률」제90조 제1항에 따라 직접강제를 행하는 것이 고려된다. 이를 위하여는 법원의 "명백한 결정"이 필요하다. 면접·교섭을 가능하게 하기 위해 아동이 인도되어야 하는 경우에는 이러한 실력행사는 허용되지 않는다(「가사사건 및 비송사건의 절차에 관한 법률」제90조 제1항). 집행기관은 법원집행관이다. 법원집행관은 필요한 경우 경찰의 지원을 받기 위하여 경찰관에게 조력을 요청하고, 현관문을 개방하고 주거에 대한 수색을 실행할 권한을 갖는다(「가사사건 및 비송사건의 절차에 관한 법률」제87조 제3항). 강제인수 기일이 결정되기 전에, 법원집행관은 인수권한을 가진 자에게 인수권한을 가진 자가 아동을 현장에서 인수하는 경우에만 집행이 행해질 수 있다는 것을 알려주어야 한다(법원집행관을 위한 업무처리방침(GVGA) 제213조의a 제4항). 청소년보호청은「가사사건 및 비송사건의 절차에 관한 법률」제88조 제2항에 따라, 결정의 집행에 있어서 법원과 법원집행관을 지원할 의무가 있다.

10.2.2.4.2 비례의 원칙

강제조치의 선택에 있어서는 비례의 원칙이 준수되어야 한다. 절차의 원활한 진행을 유지하기 위한 법원의 조치(Ordnungsmittel)를 확정하는 것이 아무런 효과가 없거나 그를 기대하기 어려운 경우 또는 결정의 즉각적인 집행이 무조건적으로 요청되는 경우에, 「가사사건 및 비송사건의 절차에 관한 법률」 제90조 제1항에 따라 법원은 결정의 집행을 위해 직접강제를 명할 수 있다. 그 밖에 「가사사건 및 비송사건의 절차에 관한 법률」 제90조 제2항 제2문에 따라 아동에 대한 직접강제가 행해질 수 있다. 즉, 그것이 아동의 복지를 고려할 때 정당화되고, 그보다 경미한 수단을 통해서는 의무의 이행을 확보할 수 없는 경우에 그러하다. 강제력 행사에 관한 형량에 있어서는 입법자에 의한 연령추정을 감안하여 특히 아동의 연령과 연령에 상응하는 능력이 고려되어야 한다.

10.2.2.4.3 판사에 의한 수색명령(Durchsuchungsanordnung)

아동인수 명의가 주어진 청구권을 집행하기 위해 때로 의무자 또는 제3자의 주거에 대한 수색이 필요하다. 이에 관한 수권의 근거는 「가사사건 및 비송사건의 절차에 관한 법률」 제91조이다. 강제력 행사 명령이 주거에 대한 수색 허가를 내용으로 하지는 않는다. 그러므로 아동인수의 허용과 실력행사가 결합될 수 있는 보충적인 결정이 필요하다. 예컨대 야간이나 일요일 또는 공휴일에 집행을 위하여 필요한 법원의 허가의 경우에도 마찬가지이다(민사소송법 제758조의a 제4항).

10.2.2.4.4 서약서를 대신하는 보증

인도되어야 할 아동과 법원집행관이 만나지 못한 경우에는, 법원은 「가사사건 및 비송사건의 절차에 관한 법률」 제94조에 따라 인도의무자에게 아동의 체류에 관한 서약서를 제출하도록 하게 할 수 있다. 이 경우 인도의무자는 서약서 대신에 그가 아동을 자기 집 또는 그가 관리하는 곳에 데리고 있지 않고, 아동이 어디에 있는지도 알지 못한다는 것을 증명하여야 한다. 이에 관하여 법원은 기일을 정한다. 의무자가 기일에 출석하지 않거나, 아무런 이유없이 서약서의 제출을 거부하는 경우, 그에 대하여 강제구금명령이 발령될 수 있다.

10.2.2.4.5 개인적 물건의 인수

법원이 아동의 인도를 명하는 경우, 아동이 개인적으로 사용하는 의복, 학용품, 장남감과 같은 물건의 인도를 가명령을 통해 규율할 수 있다. 「가사사건 및 비송사건의 절차에 관한 법률」 제95조 제1항 제2호에 따르면, 동산의 인도를 위한 집행에는 민사소송법 제833조 이하의 집행규정들이 유추 적용될 수 있다. 법원집행관이 아동이 개인적으로 사용하지만 인도의 시점에서 아동에게 급박하게 필요하지 않은 물건들을 인도의무자의 의사에 반하여 강제인수할 수 있다. 그러나 이것은 그를 위한 집행명의, 예컨대 「가사사건 및 비송사건의 절차에 관한 법률」 제49조와 법원집행관을 위한 업무처리방침(GVGA) 제213조의a 6항 제1문에 따른 가명령을 통해 정당화되고 있는 경우에만 그러하다. 예를 들어 여행에 필요한 의복이나 학용품과 같이 아동이 즉시 필요로 하는 물건들은, 동시에 강제인수될 수 있다(법원집행관을 위한 업무처리방침 제213조의a 제2문).

10.3 소 결

현장에서 경찰이 취할 수 있는 조치로는 다음과 같은 것이 고려될 수 있다.

- 딸을 친구에게 그대로 둔다.
- 법적 구제에 대해 설명한다.
- 청소년보호청에 통지한다.

11. 사진촬영

11.1 예시사례 "찍어요, 자 찌푸리고"

경찰은 시민 A와 사인 B를 만난다. 방금 전 B는 A의 동의를 받지 않고 A를 촬영하였다. A는 그를 이유로 B를 그의 의사에 반하여 자신이 출동을 요청한 경찰이 도착할 때까지 붙들고 있었다. A는 B가 그의 핸드폰속의 사진을 삭제하기를 원한다. 그러한 상황이 벌어지고 있는 가운데 언론기관의 사진기자인 P가 지나가면서 그의 디지털카메라로 경찰관들을 촬영한다. P는 이렇게 얻어진 정보(즉, 사진)를 삭제하기를 원하지 않는다. B뿐만 아니라 P도 그들이 사진정보를 어떻게 사용할지는 오로지 자신들의 결정에 달려있다고 진술한다.

11.2 예시사례의 해결

이러한 예시사례는 오늘날에 있어 전형적인 사례이다. 왜냐하면 핸드폰의 표준하드웨어로서 카메라 기능이 본격적으로 도입된 이래 모든 사람이 모든 상황에서 순식간에 동의 없이 촬영하고 녹음할 수 있으며, 누구나 이러한 사진들에 접근할 수 있게 되었기 때문이다.

사진 저작권에서의 법 발견을 위하여는 경찰과 언론 간의 법적 관계와 시민과 시민 간의 법적 관계를 구분하여야 한다. 따라서 기본토대로서 우선 사인 간의 법적 관계가 설명된다. 그런 관점에서 중간단계로서 양 법적 관계의 접점으로서 기능하는 「미술 및 사진저작물의 저작권에 관한 법률」(KUG)이 좀 더 정확하게 분석되어야 한다. 마지막으로 공법적으로 관철되는 경찰과 언론 간의 관계가 다루어진다.

11.2.1 사진촬영에 있어서 민법과 형법

사진촬영자 B를 붙잡고 있음으로 인하여 피촬영자 A는 형법전 제239조에 따라 감금죄로 처벌될 수 있었다. A는 B를 그의 의사에 반하여 상당히 장시간 동안 붙잡고 있음으로 인하여 B가 그 장소에서 벗어나는 것을 저지하였다. 그는 형법전 제8조, 제16조, 제17조, 제22조의 의미에서 고의로 행위하였다. (하지만) A는 민법전 제229조의 자력구제로서 B를 정당하게 붙들 수 있었다.

민법전 제229조는 다음과 같이 규정하고 있다: 자력구제의 목적으로 물건을 탈취하거나 파괴 또는 손상시키는 자, 또는 자력구제의 목적으로 도주 우려가 있는 의무자를 붙잡거나 수인해야 할 행위에 대한 의무자의 반항을 배제하는 자는 다음과 같은 경우에는 불법적으로 행위를 한 것이 아니다. 즉, 당국의 도움이 적시에 행해질 수 없고, 즉시 자력구제를 위한 개입조치를 취하지 않으면 청구권의 실현이 불가능하거나 본질적으로 어렵게 될 위험이 존재하는 경우가 그러하다.

A는 B를 주관적으로 자력구제의 목적으로 붙잡았다. 그의 자력구제행위는 자력구제의사로 행해졌다. B는 붙들리지 않았다면 핸드폰을 들고 현장을 떠날 수 있었다. 따라서 A 입장에서 보면 B가 도주할 우려가 있었다. A는 B를 단지 즉시 출동을 요청한 경찰이 도착할 때까지만 붙들었다. 경찰이 도착할 때까지 당국에 의한 보호가 더 빨리 행해질 가능성은 없었다.

A의 이러한 즉각적인 개입이 없었다면 청구권의 실현이 불가능하거나 본질적으로 어렵게 될 위험이 존속하였는지, 그리고 B가

이러한 청구권의 의무자였는지 여부에 대해서는 의문이 있다.

핸드폰으로 촬영된 사진들과 관련하여 사진의 촬영자 B에 대한 피촬영자 A의 청구권이 존속하여야 하고, B는 이러한 청구권의 의무자이어야 한다.

민법전 제194조 제1항이 법적으로 정의하고 있는 청구권 개념이 결정적인데, 이에 따르면 청구권이란 다른 사람에게 작위나 부작위를 요구할 수 있는 권리이다. 이 경우 민법전 제1004조에 상응하는 촬영된 사진의 삭제나 사진의 위법한 유포 중지를 청구하는 준예방적 청구권(quasi‒negatorischer Anspruch)이 존속할 수 있다.

준예방적 방해배제청구권이나 부작위청구권은 민법전 제823조 이하의 불법행위의 법리가 권리구제에 흠결을 나타내기 때문에 민법전 제1004조의 유추를 통해 발전된 것이다. 민법전 제823조 이하의 권리구제체계는 단지 손해가 이미 발생한 이후에 있어서의 손해배상 청구권만을 보장한다. 민법전 제823조 이하의 권리구제체계에 따르면 손해는 항상 위법행위를 통하여 발생하여야 하고, 이러한 위법행위는 유책적으로 행해져야 한다.

민법전 제1004조는 민법전 제823조 이하에 의해 보호되는 모든 권리와 법익에 유추적용된다. 왜냐하면 이들 권리와 법익은 입법자가 방해배제와 부작위청구권을 규정하였던 법적 지위와 동일한 보호가치를 갖는 것으로서 간주되기 때문이다. 성명권의 경우 민법전 제12조로, 점유권의 경우 민법전 제862조로 그리고 소유권의 경우 바로 민법전 제1004조로 보호되는 것과 같다.

민법전 제1004조 제1항은 다음과 같이 규정하고 있다: 소유권이 점유의 탈취나 불법유치 이외의 다른 방식으로 침해되는 경우, 소유권자는 그러한 침해를 가져온 자에게 침해의 제거를 요구할 수 있다. (앞으로) 다른 침해가 발생할 우려가 있는 경우에는, 소유자는 부작위를 소구할 수 있다.

　민법전 제1004조의 유추에 따른 **준예방적 방해배제청구권**은 불법행위 법리로 보호되는 법익에 대한 위법한 침해를 **전제로** 한다. 법적 효과는 그러한 침해를 가져 온 자에게 침해를 제거할 의무를 과하는 것이다.

　민법전 제1004조 제1항의 유추에 따른 **준예방적 부작위청구권**(quasi−negatorischer Unterlassungsanspruch)는 불법행위 법리로 보호되는 법익에 대한 위법한 침해가 처음으로 발생하거나 반복하여 발생할 위험을 전제로 한다. 법적 효과는 그러한 침해를 가져온 자에게 그러한 침해를 중지하도록 하는 의무를 과하는 것이다.[157]

　피촬영자 A는 사진정보와 관련하여 사진의 삭제청구권(인도 또는 무효화청구권) 또는 **부작위청구권**(촬영된 사진을 유포하지 않도록 하는)을 갖는다.

　사진의 유포가 피촬영자의 일반적 인격권을 부당하게 침해하는 경우에는 사진의 **위법한 유포가** 존재한다.

　일반적 인격권(Das allgemeine Persönlichkeitsrecht)은 기본법 제1조 제1항과 연결된 제2조 제1항에 의해 헌법적으로 보장되고 있고, 사법적으로는 민법전 제823조 제1항의 의미에서의 기타 권리로서 인정되고 있다.

　민법전 제823조 제1항은 불법행위에 따른 손해배상을 규율한다. 고의나 과실로 타인의 생명, 신체, 건강, 자유, 소유권 또는 기타 권리를 불법적으로 침해한 자는, 그로 인하여 타인에게 발생된 손해를 배상할 의무를 진다.

　예시사례에서는 일반적 인격권으로서의 기타 권리의 변형이 문제된다.

　기본법 제2조 제1항과 제1조 제1항으로부터 도출되는 **일반적**

---

157) 참고로 BGH Beschluss vom 20.05.2009 − 1 ZR 218/07 = NJW 2009, 2958.

인격권은 헌법재판소와 연방대법원에 의하여 발전된 것인데, 이는 기본법상의 특별한 자유를 보장하려는 것이 아니라, 인간이 존재하기 위한 기본조건을 오늘날의 기술적－자연과학적 변혁을 고려하여 충분히 보장하기 위한 것이다.

자기 사진에 대한 권리는 일반적 인격권의 사례에 해당하는 것이다. 일반적 인격권은 사법에서 포괄적 권리이다. 포괄적 권리는 법질서에 의해 인정되는 권리이나, 그에 대한 침해가 언제나 인정되지는 않는 권리이다. 말하자면 포괄적 권리에 있어서는 그에 대한 모든 침해가 위법한 침해가 되는 것이 아니고, 침해의 위법성은 개별 사안에서 포괄적인 이익형향을 통하여 적극적으로 인정될 수 있다.

일반적 인격권의 사례로서 자기 사진에 대한 권리는「미술 및 사진저작물의 저작권에 관한 법률」(KUG) 제22조에서 나타난다. KUG 제22조에 따르면 사진은 원칙적으로 피촬영자의 동의가 있는 경우에 한하여 유포될 수 있다.

KUG 제22조는 사진은 그에 대한 권원을 가진 자의 동의에 의해서만 유포될 수 있으며, 일반에게 보여주기 위하여 전시될 수 있다고 규율하고 있다. 권원자의 의사에 반하고 KUG 제23조가 규율하고 있는 예외가 인정되기 위한 구성요건도 충족하지 못하는 위법한 사진의 유포는 KUG 제33조에 따라 처벌의 대상이다.

KUG 제23조 제1항에 따르면, KUG 제22조에 따라 요구되는 동의가 없이도 유포되고 전시될 수 있는 경우는 다음과 같다:

1) 시사(時事)의 영역에서의 초상
2) 단지 풍경이나 어떤 장소에 부수한 부속물로서만 나타나는 개인 사진
3) 촬영된 개인들이 참가한 집회, 행진 그리고 그에 유사한 사건들의 사진

4) 주문에 의해 촬영되지는 않았지만, 그의 유포나 전시가 예
  술이라는 보다 고차원의 이익에 기여하는 사진

그러나 KUG 제23조 제2항에 따르면, KUG 제23조 제1항으로
부터 나오는 권한은 피촬영자 또는 만일 그가 사망한 경우라면 그
의 친족의 정당한 이익을 침해하는 유포와 전시에까지 미치지는
않는다.

KUG 제22조와 제23조에 위반하는 행위는 KUG 제33조 제1항
에 따라 1년 이하의 자유형이나 벌금형에 처해진다. KUG 제33조
제2항에 따를 때, 위법한 사진유포 행위는 절대적 친고죄이다.

KUG 제22조와 제23조의 구성요건적 징표가 충족됨에 따라
(앞으로 행해질) 촬영 사진들의 유포가 위법하다면, 최종적으로 그
러한 유형의 위법한 유포가 행해질 위험이 존속하는지 여부가 검
토되어야 한다. 즉, 사인의 행위의 정당성을 판단하기 위하여는
민법전 제229조가 고려되어야 하는데, 동조는 사인의 즉각적인 개
입이 없이는 청구권의 실현이 불가능해지거나 현저히 곤란하게
될 위험을 요구한다.

경찰에 의한 촬영금지나 영치, 또는 사인의 행위의 정당화로
이어지는 **위법한 유포의 위험**이 존재하는지 여부는 다음과 같은
점을 고려하여 판단된다:
  - 촬영자의 전체 행동
  - 촬영자의 진술
  - 촬영의 유형과 방식
  - 이전의 공개 경력 여부
  - 사진 자료의 형식
  - 생활경험[158]

158) VGH Mannheim, NVwZ-RR 1995, 527; VGH Mannheim, NVwZ
   2001, 1292; OVG Saarlouis, Urteil vom 11.04.2002 = AfP 2002, 545.

민법전 제229조의 전제조건들이 모두 존재하는 경우 사인의 행위는 정당성이 인정되며, 예컨대 형법전 제239조에 따른 처벌을 받지 않는다. 또한 촬영자를 붙잡는 경우에 있어 발생하는 형법전 제223조와 제224조에 따른 상해는 반항을 억제하기 위한 것으로서 정당화될 수 있다.

11.2.2 KUG의 법적, 사실적 배경

최초의 파파라치 사건이 1907년 1월 9일 KUG가 발효하게 된 동기가 되었다. 사진사들은 1898년 7월 31일에 오토 폰 비스마르크가 임종한 방으로 밀려들어 시신을 촬영하였다. 제국법원은 주거의 평온을 침해한다는 것을 이유로, 사진의 유포를 금지할 수 있었다.[159]

KUG 제22조의 구성요건 표지에 관하여:

초상(Bildnis)은 그를 통하여 그 대상이 되는 자의 신원을 확인할 수 있는 모든 모상(模像)을 말하며, 따라서 인물사진에만 국한되지 않는다. 또한 반드시 얼굴이 반드시 인식될 필요는 없으며, 예컨대 코나 턱(예로 쉬테피 그라프 - 역주: 테니스 선수로 길쭉한 턱이 특징 - 또는 미하엘 쉬마허 - 역주: 자동차 경주선수로 긴 턱을 가졌다)과 같이 신체의 어느 일부분, 심지어 특정한 움직임으로도 충분하다.

유포는 사적으로도 또 공적으로도 행해질 수 있으나, 친밀한 가족 사이에서 이루어지는 행위는 여기서의 유포에 해당하지 않는다.

KUG 제22조의 문언에는 초상제작이 포함되어 있지 않다.

KUG 제22조의 문언에서 **초상제작이 결여**되어 있는 것은 다음과 같은 점에서 우리들 삶의 현실과 충돌된다:

- 초상제작은 그 자체만으로도 이미 침해를 이룬다. 왜냐하

---

159) RGZ 45, 170.

면 영상 또는 사진에 의한 지속적 통제 가능성만으로도 사람들의 행동변화를 강제하며, 유포를 통제할 가능성의 결여로 인해 초상 제작 이전의 상태로 돌아갈 가능성이 배제되기 때문이다.160) 현대적 기술에 의해 블루투스나 인터넷을 통하여 영상이나 사진이 불과 몇 초 내에 아무런 통제 없이 기하급수적으로 유포될 가능성이 존재하게 되었는바, 이제 이러한 가능성은 더 이상 막을 수가 없게 되었다.

－ KUG는 1907년에 만들어졌다. 당시 사진과 영상 제작은 (지금과는) 완전히 다른 기술적 전제 하에서 행해졌고, 완성될 때까지 많은 시간이 걸렸다. 그것은 상당한 시간을 필요로 하는 예술이었고, 사람들은 단지 노출시간만을 고려했다. 사진이나 영상의 촬영기기는 (지금보다) 훨씬 고가였으며, 따라서 모든 사람들이 갖고 있지도 못하였다. 제작과 유포 사이의 시간적 간격과 조직적인 조치들은 훨씬 더 크고, 많은 비용의 지출을 필요로 했다. 당시 사진의 촬영과 현상에는 매우 많은 비용이 들었으며, 유포의 속도는 매우 느렸다.

－ 오늘날 제작과 유포 사이의 문턱은 최소한도로 낮아졌다. 왜냐하면 디지털카메라나 핸드폰카메라에 의하면 많은 노력이나 비용이 들지 않으며, 예컨대 작성과 전송이 하나의 행위로 이루어질 수도 있는 웹캠의 경우에는 작성과 유포 사이의 문턱이 아예 더 이상 존재하지 않기 때문이다.

－ 그리고 한 번 유포된 사진은 매우 강력한 인상을 지속적으로 제공하는바, 그러한 인상은 － 한 번 세상에 나오면 － 결코 지워질 수 없다.

－ 단속만으로는 매우 불충분하다. 왜냐하면 사후적으로 침해

---

160) BVerfGE 69, 315 － Brokdorf Urteil vom 14.05.1985에서 이미 확인된 것이 그러하다.

의 결과를 되돌리기는 것만으로는 일단 뻔히 보이는 권리침해를 항상 감수하여야 하기 때문이다 - 실로 가망성 없는 모험! 키워 드는 인터넷 캐시(역주: 임시저장 인터넷 파일): 삭제된 사이트들이 인터넷에서 여전히 거듭하여 발견된다.

11.2.3 경찰법과 언론법

11.2.3.1 경찰과 언론의 관계에서의 행동원칙들

경찰과 언론은 입헌국가인 독일에서의 그들 간의 관계에 관하여 상호간에 정리를 하였다. 결정적인 사건은 1988년의 글라트베커 인질드라마였는데, 그 결과 경찰은 언론처럼 부분적으로 내부조직을 새로이 정립하였고, 상호작용적 조치를 다시 한번 새롭게 정의하였다.

"경찰의 임무수행과 자유로운 보고실행에 대한 방해를 회피하기 위한 언론/방송과 경찰의 행동원칙(Verhaltensgrundsätze für Presse/Rundfunk und Polizei zur Vermeidung von Behinderungen bei der Durchführung polizeilicher Aufgaben und der freien Ausübung der Berichterstattung)"이 그러한 행동원칙에 속하는바, 이는 1993년 11월 26일 내무부장관 협의회에서 의결되었다. 또한 ARD, ZDF, 독일 언론협의회, 사적 방송과 통신연합회 그리고 저널리스트들의 직업연합회로부터 승인을 받았다.

행동원칙은 다음과 같다:

기본법, 각주의 언론법, 방송법과 방송에 관한 국가협약(역주: 각주들 간의 협약), 형사소송법과 경찰법이 언론/방송(미디어)과 경찰의 권리와 의무를 규정한다.

공익적 사건, 특히 대규모 행사, 사고, 집회, 폭력적 행동이나 큰 관심을 불러일으키는 범죄사건들에 관하여 직접적 인지나 관찰을 통해 일반 공중에게 보고하는 것이 미디어의 정보제공 임무에 속한다.

미디어는 자신의 책임으로 어떤 범위에서 어떤 형식으로 보고할 것인지에 관하여 결정한다.

경찰의 임무는 위험을 방지하고 범죄를 소추하는 것이다. 저널리스트의 활동과 경찰의 활동 간의 긴장영역에서는, 양자 모두 모든 면에서 다른 쪽에 의해 방해를 받고 있다고 느끼는 상황이 있을 수 있다.

이하의 원칙들은 언론과 경찰이 그러한 상황에서 될 수 있는 한 각자의 임무를 방해받지 않고 수행할 수 있도록 도와줄 것이다.

1. 미디어와 경찰 간의 정기적인 접촉은 불필요한 갈등상황을 피하기 위한 가장 좋은 전제조건이다. 이 경우 양측은 다른 측 업무에 관한 이해를 제고하기 위하여 노력하여야 한다.

2. 큰 관심을 불러일으키는 사건들에 있어서는 객관적이고, 신뢰할 수 있고, 공개적인 상호간의 접촉이 급박하게 요구된다.

3. 경찰이 언론담당 부서 및 정보제공 부서로 하여금 (필요한 경우 현장에서도) 미디어와 직접적으로 접촉하고 그를 유지하도록 하는 것이 미디어와 경찰 양측 모두에게 도움이 된다. 경험칙상 직접적 대화는 오해를 예방하는 데 적합하다.

4. 중대한 상황에 있어서도 경찰은 법적 관점이 서로 상충되지 않는 한 미디어에 조기에, 포괄적으로 그리고 이해하기 쉽게 정보를 제공하여야 한다.

5. 특히 사고, 자연재해, 중범죄사건에 있어서 미디어는 사람의 생명과 건강이라는 법익이 공중의 정보청구권에 우선한다는 것에 유의하여야 한다. 중범죄 사안에 있어서는 경찰의 전술적 조치(예컨대 수배조치/검거조치)에 관한 개별적 내용은 사건을 담당하는 경찰지휘부와의 사전협의없이 – 경우에 따라서는 검찰과 조율하여야 한다 – 공개되어서는 안된다.

6. 저널리스트는 행위의 경과와 배경을 묘사할 수는 있지만, 범

죄자의 도구가 되어서는 안된다. 범죄자들에게 범행이 진행되는 동안 공개적인 자기표현을 할 가능성을 부여하여서는 안된다. 그러한 사안들에서 경찰 임무의 수행이 그러한 유형의 취재를 통해 방해받아서는 안된다.

7. 경찰은 경력(警力)투입과 관련한 홍보를 위하여, 가능한 한 사건 현장에 가까운 곳에 특별하고, 명확히 눈에 띄고 이동 가능한 언론담당부서를 설치하여야 한다. 홍보는 경우에 따라서 검찰과의 조율 하에 이루어진다. 사전에 예측가능한 경력투입이라면 경찰은 미디어에 조기에 알려야 한다.

8. 연방 공통의 기자증은 경찰이 누가 기자로서 활동하는지를 확인하는 것을 용이하게 해준다. 이는 1993년 5월 14일 내무부장관 협의회의 의결과 관련된다.

9. 경찰의 경력투입 사진과 영상의 촬영은 원칙적으로 아무런 법적 제한에 따르지 않는다. 또한 세인의 주목을 끄는 경력투입에 있어서 다수의 또는 개별적인 경찰관에 대한 영상과 사진촬영도 일반적으로 허용된다. 미디어는 피촬영자의 정당한 이익을 지키며, 특히 영상과 사진자료의 공개에 있어서 KUG의 규정들을 준수하여야 한다.

10. 경찰은 현장조치, 인질사건 및 집회에 있어서도 미디어의 정보 수집을 지원한다. 다른 한편 미디어(종사자)도 경찰의 현장조치를 방해하지 않아야 한다. 또한 예외가 허용되지 않는다면, 그들에게도 예컨대 차단조치와 퇴거명령과 같은 경찰의 처분이 적용된다.

11. 증거보전을 위하여 경찰은 자신들이 수집한 사진, 음성 및 영상자료를 원용하여야 한다. 이에 상응하는 미디어 자료를 압류하고 영치하는 것은, 현재의 법적 상황이 비례성을 고려할 때 이를 허용하는 때에만 그러하다.

예시사례와 관련하여서는 **언론/방송과 경찰을 위한 행동원칙
제9호**가 강조되어야 한다: "경찰이 행하는 사진과 영상의 촬영은
원칙적으로 아무런 법적 제한에 따르지 않는다. 또한 세인의 주목
을 끄는 현장조치에 있어서 다수의 또는 개별적인 경찰관에 대한
영상과 사진촬영도 일반적으로 허용된다. 미디어는 피촬영자의 정
당한 이익을 지키며, 특히 영상과 사진자료의 공개에 있어서 미술
저작권법의 규정들을 준수하여야 한다." 이 경우 행동원칙 제9호
의 문언이 갖는 의미에 주목하여야 한다: 영상과 사진촬영 "도"라
는 표현은 더 많은 것, 추가적인 것, 더 강력한 것, 보다 많은 부담
을 주는 수단인 영상과 사진촬영 또한 허용될 수 있다는 것을 의
미한다. 세인의 주목을 끄는 경우라는 표현은 영상과 사진촬영이
허용되어야 하는 현장조치에 대한 질적 제한을 의미한다. 나아가
서 "일반적으로"라는 원칙은 특수한 사정이 존재하는 경우에는 영
상과 사진촬영을 금지하는 예외가 허용된다는 의미이다.

11.2.3.1.1 행동원칙들의 법적 성격

언론/방송과 경찰을 위한 행동원칙들은 보안문건(VS‒NfD,
Verschlusssachen ‒ nur für den Dienstgebrauch)인 경찰업무규정(PDV,
Polizeidienstvorschriften)‒100의 부록 8이며, 이는 그 자체로 행동유
도적 행정규칙이다.[161]

행정규칙(Verwaltungsvorschriften)은 법규범이 아니다. 따라서
행정규칙은 법규범과 같이 그 자체로부터 해석되어서는 안되고,
행정조직 외부에 있는 사람들과의 관계에서 아무런 직접적 외부
효를 갖지 않는다. 단지 행정규칙에 따라 행해진 사실상의 행정작
용에 관하여 기본법 제3조 제1항과 결합하여 간접적인 외부효만

---

161) *Temme*, PDV 100, S. 17 f.; *Schmidt/Neutzler*, Einsatzlehre der
Polizei, Band 1, S. 32 f.

을 가질 뿐이다. 그러므로 행정규칙에 따라 행해진 동일한 행정작
용을 통해, 시민에 대한 행정의 자기구속이 동일한 다른 사례들에
서 발생한다. 특정한 사례들에서 행정규칙에 따라 행하여진 특정
한 행정작용에 대한 행정의 자기구속 또한 객관적이고 자의적이
지 않은 근거가 있는 경우라면 아무런 문제없이 폐기될 수 있으
며, 행정실무는 얼마든지 바뀌어질 수 있다.

　　행정규칙은 (외부적) 법규범들과 달리 법원에 의한 해석과 적
용에 종속하지 않는다. 오히려 행정실무의 적법성에 대한 법원의
심사가 제한되며, 그에 대해서 행정규칙은 단지 간접증거로서만
인용될 수 있다.162)

　　지침(Leitfaden)이 권고적 성격을 갖는 것이라면, 근무규칙은
공무원신분법 제35조의 의미에서의 지시이며 발령을 통해 효력을
갖게 된다.

　　공무원신분법(BeamtStG) **제35조**는 다음과 같이 규정하고 있다:
공무원은 그의 상관에게 조언을 하고, 상관을 지원하여야 한다.
공무원은 직무명령을 수행하고 일반적 지침(Richtlinien)을 준수할
의무가 있다. 공무원이 특별한 법률 규정들에 따라 지시에 구속되
지 않고 단지 법률에만 복종하여야 하는 경우에는 그러하지 아니
하다.

　　경찰업무규정의 법적 성격은 개별 사안에서 사법적으로 효력
을 발생할 뿐만 아니라, 징계법적으로도 또 직무책임법적으로도
효력을 발생할 수 있다.

　　성문의 행동원칙과 관련된 생활영역에서 오랜 기간 동안 승
인된 관행을 통하여 관습법으로서의 효력이 인정되는 불문의 행
동원칙들은 민법전 제276조 제2항의 의미에서의 과실을 판단함에

---

162) BVerwG, NVwZ 2004, 350, 352; BFH, NVwZ 2004, 382, 383.

있어서 법적 척도가 될 수 있다. 민법전 제276조의 법적 정의가
규정하는 것은 다음과 같다: "사회생활에서 요구되는 주의를 소홀
히 한 자는 과실로 행위한 것이다." 사회생활에서 요구되는 주의
는 사회생활영역의 관행에 의해 공동으로 결정된다.

11.2.3.1.2 경찰과 언론의 협력

경찰은 구체적 위험이 존재하는 경우 **영상이나 사진촬영을 통**
한 사진제작의 금지를 경찰법상의 개괄적 수권조항에 근거할 수
있고, 위험방지법상의 영치는 그에 상응하는 위험등급이 존재하는
경우에 경찰법상의 영치규정에 근거할 수 있다.

경찰은 사진제작을 금지함에 있어 "언론의 자유는 기본법에
의해 직접적으로, 그리고 기본법의 범위내에서 각주의 언론법을
통해 허용되고 있는 제한에만 종속된다"는 **각주의 언론법 규정**에
의한 방해를 받지 않는다. 기본법 제5조 제1항에 열거되어 있는
기본권들은 경찰－질서법을 통해 제한될 수 있으며, 그들 기본권
이 우선적으로 적용되는 것이 아니다. 언론에 대한 사전검열을 금
지하는 기본법 제5조 제1항 제3문은 경찰의 조치에 대한 절대적
제한을 그 내용으로 하고 있다. 그러나 언론의 자유에 대한 침해
에 일반적인 경찰－질서법을 적용하는 것은 부분적으로 특별법
에 의해 배제된다. 언론의 창작물에 대한 예방경찰적 차원의 영치
가 각주의 언론법에 의해 종국적으로 규율되는 경우가 그러하다.
그러나 이러한 규율들은 언론의 창작물의 관념적 내용 및 그로부
터 나오는 공공의 안녕에 대한 위험에만 관계되며, 따라서 그 한
도에서만 종국적인 효력을 갖는다. 언론활동의 외적 범위에 관계
되는 제한들은 경찰법에 따라 허용되는데, 퇴거명령 같은 것이 그
예이다.163)

---

163) *Schenke*, Polizei－ und Ordnungsrecht, Rdnr. 347.

기본법 제5조 제1항 제3문에 따른 언론에 대한 **사전검열**은 일어나지 않는다. (언론)정보의 공개는 사전적인 국가의 통제와는 무관하게 경찰의 일반적 수권을 통해 행해진다. 오히려 중요한 것은 어떤 것이 언론정보의 내용이 될 수 있는 것인지 여부라고 하는 선결문제이다.164) 경찰법적 규율들을 근거로 한 조치들은 기본법 제5조 제2항의 의미에서의 일반적 법률로서 허용되는 방식으로 언론의 자유를 제한할 수 있다.165)

초상의 위법한 유포 위험이 존속할 수 있다. 어떤 상황의 정상적인 진행이 방해받지 않는 경우 예측가능한 시간 내에 공공의 안녕에 대한 손해가 발생할 충분한 개연성이 존재할 때 **위험**이 존속한다.166)

KUG 제23조는 헌법적으로 항상 요구되는 '일반 공중이 갖는 정보상의 이익과 같은 헌법적 가치들과 인격권의 보호'라는 이익 간의 형량이 법률로 구체화된 것이다.

KUG 제23조는 초상이 피촬영자의 동의없이 유포되어도 되는 예외적 구성요건을 열거하고 있다.

예시사례와 관련하여서는 KUG 제23조 제1호가 고려된다: 경찰관은 시사(時事) 영역에서 초상의 일부일 수 있다.

시사란 현재 그에 대해 공익이 존속하는 모든 것으로, 역사적 또는 정치적 의미를 갖는 사건뿐만 아니라 그에 대한 이익이 공중 가운데 존속하는 모든 것을 의미한다.

일반 공중의 정보상의 이익과 인격권보호에 대한 피촬영자의 이익 간의 형량에 관하여 연방최고법원의 판례는 예전부터 시사

---

164) BVerwG, NJW 2001, 503.
165) BVerwG, Urteil vom 28.03.2012 — 6 C 12/11; VGH Baden-Württemberg vom 19.08.2010 — 1 S 2266/09.
166) BVerwG, 26.06.1970 — IV G 99.67 = NJW 1970, 1890.

에 있어 절대적 인물과 시사에 있어 상대적 인물을 구분하였다.167) 시사에 있어 절대적 인물들이란 특정한 사건과 무관하게 일반 공중이 관심을 갖고 있는 사람들을 말한다. 시사에 있어 절대적 인물들에 속하는 사람으로는 중요한 정치가, 재계 순위 상위 기업의 대표들, 학자들, 프로 스포츠선수, 프로배우, 프로음악가, 왕족의 구성원 등이 있다. 시사에 있어 절대적 인물들의 경우 누구나 접근할 수 있는 장소에서의 촬영은 거의 모든 생활상황에서 허용되어 왔다.

시사에 있어 상대적 인물들이란 일시적으로 특정되고 그 자체로 시사적인 사건과 관련하여서만 일반 공중이 관심을 갖는 사람들을 말한다. 시사에 있어 상대적 인물들에 속하는 사람으로는 일상적이지 않은 범죄의 행위자, 세간의 주목을 끄는 소송의 관련자, 스포츠행사의 참가자, 특정한 사회적 분야의 리더, 일상적이지 않은 사고의 희생자 등이다. 시사에 있어 상대적 인물들의 경우 촬영은 사건과 시간적, 주제적으로 관련이 있을 때에만 허용된다.

이러한 대략적인 구분에 대하여는 2004년 유럽인권법원이 너무 조악하다는 점을 이유로 이의를 제기하였으며,168) 뒤이어 (독일)연방최고법원은 그러한 구분을 배척하였다. 그 후로 독일의 판례는 "시사의 영역으로부터 나오는"이라는 구성요건적 징표를 해석할 때 공중의 정보상 이익, 표현의 자유 그리고 인격권 사이에서 형량을 행하고 있다. 이러한 판례는 유럽인권법원에 의해 확인되었다.169)

---

167) BGH, Urteil vom 19.12.1995 — Ⅵ ZR 15/95 (Caroline von Hannover); 하노버 거주 카롤리네의 아이들과 관련한 제한 및 개별사안과 관련된 형량에 관하여는 : BVerfG, Urteil vom 15.12.1999 — 1 BvR 653/96.

168) EGMR (Ⅲ. Sektion), Urteil vom 24.06.2004 — 59320/00.

169) 참고로 EGMR, Große Kammer, Urteil vom 07.02.2012 — 40660/08

나아가 형량에 있어서는 인격권의 관념적 구성요소와 상업적 구성요소가 구분되어야 한다. 품위와 명예는 관념적 구성요소에 속하며, 이미지와 광고가치는 상업적인 구성요소에 속한다. 품위와 명예는 헤드라인과 사진들에 의해 침해될 수 있다. 이미지와 광고가치는 인격권의 주체가 포함된 선전과 광고에 의해 악용될 수 있다. 관념적 구성요소와 상업적 구성요소의 구분은 형량에 있어 중요한 의미를 갖는바, 왜냐하면 관념적 구성요소는 헌법적으로 보호되는 반면, 상업적 구성요소는 단지 법률적으로만 보호받기 때문이다.170) 인격권의 구성요소를 이루는 다양한 법원(法源)은 형량에 있어서 비중을 달리 두어야 할 가치를 잘 보여준다. 경찰에 의한 사진촬영금지나 영치, 또는 사인의 행위의 정당성에 대한 근거가 되는 위법한 유포의 위험이 존재하는지 여부는 다음의 기준들에 의해 판단된다:

- 촬영자의 전체적 행동
- 촬영자의 진술
- 촬영의 유형과 방식
- 언론의 사전공개
- 사진자료의 형식
- 생활경험171)

이 경우 연방행정법원의 판결은, 사진자료들을 취급함에 있어 간혹 마주하게 되는 저널리스트에 대한 법적 충실성의 추정이라는 고려를 중요하지 않은 것으로 간주한다. 오히려 서로 대립하는 언론과 위험방지의 법적 지위의 형량과 적절한 조정이 중요한 문

과 60641/08 (Von Hannover Ⅱ).

170) BGH, Urteil vom 29.10.2009 − I ZR 65/07.

171) VGH Mannheim, NVwZ−RR 1995, 527; VGH Mannheim, NVwZ 2001, 1292; OVG Saarlouis, Urteil vom 11.04.2002 = AfP 2002, 545.

제가 된다.172)

경찰법상의 개괄적 수권조항에 근거하여야 할 경찰에 의한 사진촬영의 금지(사진와 영상금지)를 위하여는 공공의 안녕에 대한 구체적 위험(konkrete Gefahr)이 존재하여야 한다.

공공의 안녕의 보호법익은 법질서, 개인의 권리와 법익, 국가의 존속과 기능 그리고 국가의 제도와 행사들 및 기타 고권력 주체들이다.173)

관련된 보호법익으로는 다음과 같은 것이 있을 수 있다:

1) 국가적 기능의 일부로서 경찰의 경력투입
2) (예컨대 특수팀 또는 조직범죄를 계기로 투입된 경찰관들에 있어서) 경찰관의 신분이 알려지는 경우, 국가제도의 일부로서 경찰조직의 현장조치 능력
3) 신분위장의 필요성이 있는, 예컨대 특수팀의 일원으로 또는 조직범죄를 계기로 투입된 경찰관들의 신분이 드러나는 경우에, 그들 경찰관의 생명과 건강
4) 자기 사진에 대한 권리 (KUG 제22조와 제23조)

손해발생의 개연성(Wahrscheinlichkeit der Schadenseintritts) 판단에는 "~하면, ~할수록(Je−desto)"의 공식이 적용된다: 잠재적 손해의 범위가 크면 클수록, 발생개연성에 대한 전제는 더 작아진다.174)

촬영금지와 영치조치의 비례성에 관하여 경찰은 2012년 연방행정법원에 의해 도입된 "경찰과 언론에 대한 협력명령(Kooperationsgebot für Polizei und Presse)"을 고려하여야 한다.

---

172) BVerwG, Urteil vom 28.03.2012 − 6 C 12.11.
173) 이러한 법적 정의에 관하여는 다음의 법률들을 참고: § 2 Nr. 2 BremPolG, § 3 Nr. 1 SOG LSA, § 54 Nr. 1 OBG Thüringen.
174) BVerwGE 45, 51, 60 − Beschluss vom 26.02.1974 (Dutschke).

　　사진촬영에 따른 권리침해적 사용가능성, 특히 제3자의 권리에 저촉되는 공개 가능성은 반드시 첫 번째 단계에서 방지될 필요는 없다; 오히려 이는 많은 경우에 있어서 두 번째 단계, 즉 만들어진 사진을 사용하는 단계에서 발생할 수 있다. 어떤 저널리스트가 사진을 촬영하는 것에 방해를 받는다면, 그러한 한도에서 필연적으로 그의 언론의 자유(기본법 제5조 제1항 제2문)에 대한 침해가 일어난다. 이것은 일반적으로 받아들여질 수 없다.

　　특히 이러한 권리침해가 "사진보도가 불가능한 경우에도 기사보도는 여전히 가능하다"라는 고려에 기초하여 행해질 수는 없다. 왜냐하면 어떤 형식의 보도가 행하여져야 하고, 그에 따라 어떤 유형의 준비조사가 필요한지를 결정하는 것은 언론을 대하고 있는 경찰의 권한에 속하지 않기 때문이다. 따라서 그러한 경우 일반적으로 비례의 원칙에 합당한 것은 저널리스트가 의도하는 사진촬영 자체를 저지하는 것이 아니라, 사진의 사용을 통해 발생할 우려가 있는 후속적 법익 침해에 대한 사전대비를 하는 것이다. 이는 예를 들어 경찰이 그의 법적 입장을 저널리스트나 그가 근무하는 언론사에게 통지하고 공개 "여부"와 "어떻게" 공개할 것인가에 대한 이해를 구함으로써 이루어질 수 있다. 이 경우 경찰처분의 발령에 의한 후속적 갈등을 저널리스트나 언론사가 행정법원을 통한 권리구제의 방법으로 해결할 것인지, 아니면 경찰이 통상법원을 통한 권리구제 방법을 사용하여 해결할 것인지 여부는 각주의 경찰법과 각주의 언론법의 협력을 통하여 밝혀진다. 경찰 현장책임자의 사전적 관점에서 볼 때 시간적 또는 기타 이유들로 인하여 기자와의 합의를 거쳐서는 완성된 사진의 공개와 관련된 법적 제한의 준수를 확보할 것을 처음부터 기대할 수 없는 경우에만, 현장책임자는 경찰법상의 명령권을 통하여 사진촬영을 저지할 권한을 갖는다. 개별 사안의 특별한 사정으로 인하여 사진의 촬영과 문제되는 보호법익의 효과적인 보호에 대한 관심이 충돌되는 경우에도 마찬가지이다."[175]

11.3 소 결

사진촬영에 있어서는 사진촬영자와 피촬영자가 순수한 사법적 관계에 있는지, 아니면 공법인 언론법에 영향을 받는 관계에 있는지 여부가 우선적으로 검토되어야 한다. 그 다음에 그러한 관계를 고려하여 위법한 유포의 위험이 검토되어야 한다. 이 경우 위험의 존재 여부는 구체적인 개별사안의 사정에 따라 다르다.

> 예시 > 이에 관한 다른 예로는: 성적(性的) 내용을 담고 있는 사진들이 순수하게 사법적이고 친밀한 관계에서 동의를 얻어 촬영되었고, 얼마 후에 사진을 자유로이 처분할 수 있도록 한 피촬영자를 후회하게 만든 경우에는(전 남자/여자친구 사례), 바로 사진을 내어달라고 요구할 수 없다. 그러한 요구를 하려면 사진들이 (동의에 의한) 단순 촬영을 넘어서 위법하게 유포될 것이라는 구체적인 근거가 존재하여야 한다.

위법한 유포의 위험이 존재한다면, 그를 위한 전제조건이 존재하는 경우에는 위험야기자와의 대화, 수색 또는 영치 등과 같은 경찰상의 위험방지조치들이 허용될 수 있다. 위험상황의 방지나 규명을 위해 완화된 조치로서 신분확인이 언제든 허용될 수 있다.[176]

사진촬영을 통하여 일신전속적 생활영역에 대한 침해가 존재하는 경우에는 형법전 제201조의a가 고려되어야 한다.

형법전 제201조의a 제1항에 따르면 거실 기타 들여다 봄으로부터 특별히 보호받는 공간에 있는 다른 사람을 권원없이 촬영하거나 전송하고, 그를 통하여 일신전속적 생활영역을 침해한 자는 처벌된다.

---

175) BVerwG, Urteil vom 28.03.2012 – 6 C 12.11.
176) Nds OVG, Beschluss vom 19.06.2013 – 11 LA 1/13.

형법전 제201조의a 제2항에 따르면 형법전 제201조의a 제1항에 따른 행위를 통해 만들어진 사진을 사용하거나 제3자로 하여금 그에 접근하도록 한 자도 마찬가지로 처벌된다.

형법전 제201조의a 제3항에 따르면 거실 기타 들여다 봄으로부터 특별히 보호받는 공간에 있는 타인을 전당한 권원을 가지고 촬영한 사진을, 고의로 권원없이 제3자로 하여금 접근하도록 하여 그를 통해 일신전속적 생활영역을 침해한 자는 처벌된다.

사진기 및 사진촬영기기 또는 행위자나 참여자가 사용한 다른 기술적 수단은 형법전 제201조의a 제4항에 따라 압수될 수 있다. 그 밖에 토지소유자가 접근을 허용하였던 경우라도, 그의 토지에서 촬영된 사진들을 상업적으로 사용하는 것은 소유자만이 결정한다.[177]

12. 경찰의 추적과 배상청구

12.1 예시사례 "그럼 어떻게 해야 되지?"

경찰은 패싸움에 연루된 F를 보았다. 경찰관 P는 사실관계와 인적 사항을 조사하기 위하여 그를 정지시켰다. F는 달아났고 경찰관 P는 그를 뒤쫓아갔다. 추적 중 경찰관 P는 차단사슬 위로 넘어지면서 자신의 오른손 위로 떨어져 손이 부러졌다. 경찰관 P는 기진맥진한 상태에서 자신이 F에 대해 청구권을 가지는지 여부를 자문한다.

12.2 사례 해결을 위한 법

P는 그의 신체의 손상을 이유로 민법전 제823조에 따른 사법상의 손해배상청구권을 갖는다. 더 나아가 P는 민법전 제253조와 연결

---

177) BGH, Urteil vom 01.03.2013 — V ZR 14/12.

된 제823조에 따른 위자료(Schmerzensgeld) 청구권을 갖는다.

민법전 제823조 제1항은 **불법행위**(unerlaubte Handlung)에 따른 손해배상을 규율한다: 고의나 과실로 타인의 생명, 신체, 건강, 자유, 재산권 또는 기타 권리를 불법적으로 침해한 자는, 타인에게 그로 인해 발생한 손해를 배상할 의무를 진다.

민법전 제253조 제1항은 재산적 손해가 아닌 손해에 대한 금전배상은 법률로 정한 사안의 경우에만 청구될 수 있다고 규정하고 있다.

민법전 제253조 제2항은 재산적 손해가 아닌 손해에 대해서도 신체, 건강 자유 또는 성적 자기결정권의 침해로 인해 손해배상이 행해져야 하는 경우에는 상당한 금전배상이 청구될 수 있다고 규정하고 있다.

P는 손이 골절되는 상해를 당했다. 도주의 형태로 F의 행위는 존재하였다. 문제가 되는 것은 P에게 발생한 결과를 F의 행위로 귀속시킬 수 있는지 여부이다.

12.2.1 민법에서의 귀속

사법에 있어서는 책임을 발생시키는 인과관계와 책임을 충족시키는 인과관계는 구분된다. **책임을 발생시키는 인과관계**는 구성요건적 차원에서 심사되어야 하며, 침해행위와 법익침해 사이의 인과적 관련성을 지칭한다. **책임을 충족시키는 인과관계**는 법적 효과 측면에서 심사되어야 하며, 법익침해와 손해 사이의 인과적 관련성을 지칭한다.

사법에서 행위의 침해결과에의 귀속에 대한 심사는 다음과 같이 3단계로 나타난다.

- 먼저 **등가설**(Äquivalenztheorie)에 따르면 그것이 없었더라면 그러한 결과가 발생하지 않았을 것이라고 인정되는 모든

조건이 동등한 가치를 갖는 원인으로 간주된다.

도주는 P의 손골절의 등가적 원인이 된다. 왜냐하며 P가 추적하지 않았고, 그래서 넘어지지도 않았다면 P의 손골절 또한 발생하지 않았을 것이기 때문이다.

- 이러한 관점에서 적어도 고의적으로 어떤 결과를 야기하지 않은 경우에 있어서는, 무제한적으로 미치는 인과관계의 사슬은 상당인과관계설에 의해 제한이 가해져야 한다. 상당인과관계설(Adäquanztheorie)에 따르면 발생한 것과 같은 결과를 초래하기에 객관적이고 일반적으로 적합한 모든 사정이 결과발생에 대한 원인이 된다.178) 따라서 그러한 결과의 발생이 모든 개연성 밖에 있어서 합리적으로 예측될 수 없었다면, 그러한 결과는 어떤 사정에 귀속시킬 수 없는 것으로 간주되어야 한다.

  도주는 상당인과관계설에 따를 때에도 인과관계가 인정된다. 왜냐하면 도주자를 추적하는 경찰관이 넘어진 것과 넘어짐으로 인하여 발생한 손해는 모든 생활경험칙의 밖에 있지 않기 때문이다.

- 마지막으로 간접적인 침해행위에 있어서 그리고 특히 정신적 충격에 의한 손해나 (특이)체질로 인한 침해결과에 있어서 불합리한 결과를 피하기 위하여서는, **규범의 보호목적론**(Schutzzweck der Norm)에 따라 규범의 보호목적을 벗어나 발생된 침해와 행위와의 인과성은 부인되어야 하는지가 검토되어야 한다.

  그러나 형법적으로 처벌되지 않는 도주행위가 민법전 제823조의 보호목적으로 파악될 수 있는 것인지? 손골절이 F에 의

---

178) BGHZ 3, 261, 267 f.

해 강제되지 않았고 경찰관 P가 스스로 결정하여 추적한 경우라면, 오히려 경찰관 P의 책임 영역에 속하지 않는지? 이는 심리적 인과관계가 존재하는 사례로서, 어느 정도는 P가 F의 도주로 인하여 추적이 필요하다고 느꼈을 것이다.

판례는 사례들을 유발공식(Herausforderungsformel)에 따라 결정한다.

이에 따르면 보호목적과의 관련성을 긍정하기 위하여는 다음과 같은 3가지 전제조건이 존재하여야 한다.

1) 유발된 행위를 행하는 자가 주목할 만한 이유로부터 동의할 만한 가치가 있는 동기 부여를 통해 그 행위를 하도록 유발되었을 것.

2) 유발된 행위의 목적과 그에 따른 인식가능한 리스크 사이에 상당한 관계가 존재할 것

3) 침해결과에 있어 단지 일반적인 생활상 리스크가 현실화된 것이 아니라, 유발된 행위에 의해 고양된 리스크가 현실화 되었을 것

특히 어떤 사람이 경찰로부터 벗어나 도주하고, 그것이 경찰이 스스로 위험에 빠져 결국에는 (신체 등의) 손상을 입게 되는 형태로 추적을 하게 되는 원인을 제공하는 경우[179] 보호목적과의 관련성이 유발공식에 근거하여 긍정된다.

따라서 자동차를 이용하여 경찰로부터 도주하는 자동차의 소유자는 (유발공식의 전제조건들이 존재하는 경우에는) 추적과정에서 발생한 경찰 차량의 물적 손해에 대하여 민법전 제823조에 의해서 뿐만 아니라 도로교통법 제7조의 소유자- 위험책임에 따라서도 책임을 진다. 이것은 또한 경찰차량의 운전자가 위험방지 목적으로 도주차량을

---

179) BGHZ 63, 189; 132, 164.

정지시키기 위하여 고의적으로 도주차량과의 충돌을 야기하는 사례
에서도 적용된다. 이 경우 경찰차량에 발생한 물적 손해의 배상청구
권은 보험계약에 관한 법률(VVG) 제115조 제1항 제1문에 따라 도주
차량의 책임보험업자에 대한 직접청구권으로서 주장될 수도 있
다.[180]

　　예시사례의 경우 침해행위와 침해결과간의 원인관련성, 따라
서 책임을 발생시키는 인과관계가 존재한다. 결과적으로 경찰관 P
는 추적하는 과정에서 발생한 손골절을 이유로 민법전 제823조 제
1항으로부터 나오는 손해배상청구권과 민법전 제823조 제1항과
제253조 제2항으로부터 나오는 위자료 청구권을 갖는다.

12.2.2 부대소송(附帶訴訟, Adhäsionsverfahren)을 통한 청구권의 소송상 주장

　　P는 그의 사법상의 청구권을 F에 대한 형사절차에서 부대소송
의 방법으로 주장할 수 있다.

　　부대소송은 민법상 청구권의 주장을 형사절차에서, 또한 형사
소송법 제374조 이하의 사소(私訴)절차에서도 가능하게 한다.

　　피해자는 **범죄행위로부터 발생한 재산적 청구권**을 민사법원에
대한 별도의 사법(司法)절차를 통하여 쟁취할 필요가 없으며, 절차
적으로 중요한 단일의 사안으로부터 발생한 그의 권리들을 병합
하여 형사법원에서 주장하여도 된다.

　　부대소송은 형사소송법 제403조 - 제406조의c에서 규율되고
있다.

　　형사소송법 제403조에 따르면 피해자나 그의 상속인은 피고
인에 대하여 - 통상법원의 관할에 속하고 아직 다른 법원에 계속
되어 있지 않은 - 범죄행위로부터 생겨난 재산법적 청구권을 형

---

180) BGH, Urteil vom 31.01.2012 - VI ZR 43/11.

사절차에서 주장할 수 있고, 이에 따른 구법원(區法院)의 절차에서는 소송물의 가액을 고려하지 않는다.

형사소송법 제404조 제1항에 따르면 청구권을 주장하는 신청은 법원서기의 조서를 위해 서면 또는 구두로 행해질 수 있으며, 또한 최후진술의 시작 전까지 본안심리에서 구두로도 행해질 수 있다. 신청은 청구권의 대상과 근거를 특정하여야 하고, 증명수단을 포함하여야 한다.

형사소송법 제406조 제1항에 따르면 신청이 이유가 있는 경우에는 법원은 범죄를 이유로 피고인에게 유죄를 선고하거나 보안처분을 명하는 판결을 통하여 그 신청을 인용한다. 그 결정은 주장되는 청구권의 기초나 그 일부로 제한될 수 있다.

부대소송에서는 범죄행위로부터 발생한 청구권이 중요하다. 즉, P는 부대소송을 제기할 수 없는데, 왜냐하면 피해를 야기한 도주는 가벌성이 없기 때문이다.

이에 반하여 경찰관의 직무집행에 저항하는 행위를 통하여 다친 경찰관은 부대소송을 제기할 수 있다. 왜냐하면 저항행위를 통한 피해에 있어서는 범죄행위로부터의 피해가 문제되기 때문이다.

부대소송의 신청은 이미 고소단계에서 행할 수 있다. 또한 최후진술 전에 법원에 신청할 수도 있다(형사소송법 제404조 제1항). 신청인은 심리가 진행되는 동안 재정(在廷)할 권리를 갖는다.[181]

법원은 신청이 허용되지 않는 것으로 생각되면 신청을 기각할 수 있고, 신청이 실질적으로 이유가 없는 경우에는 아무런 결정도 하지 않을 수 있다.

사법적(司法的)인 법률문제가 형사소송에서 병합하여 심리하기에 너무 어려운 경우에는 법원이 결정을 거부할 수 있는데, 이

---

181) 참고로 *Meyer－Goßner*, Strafprozessordnung, § 58, Rdnr.3.

러한 거부결정은 특히 외국인과 관련된 사실관계에 있어 인정되고 있다.

부대소송은 성인이나 준성인인 피고인에 대해 적용된다. 준성인에 대하여는 소년법원법 제105조에 따라 소년형법이 적용되는 다음과 같은 경우에도 적용된다. 즉, 예컨대 환경조건들을 고려할 때 행위자의 인격에 대한 총체적 평가가 "그가 행위 당시에 도덕적이고 정신적인 발달상태가 여전히 소년과 동등한 수준에 있다거나, 또는 행위의 유형이나 주변사정 또는 행위동기를 고려할 때 소년기의 과오가 문제된다"는 점이 밝혀지는 경우에 그러하다.

소년법원법 제81조에 따르면 피해자의 손해보전에 관한 형사소송법의 규정들은 소년에 대한 절차에는 적용되지 않는다.

소년법원법 제1조 제2항에 따르면 행위 당시 14세 이상 18세 미만의 자가 소년이며, 행위 당시 18세 이상 21세 미만의 자가 준성인이다.

12.2.2.1 모욕을 이유로 한 사법적 청구권의 근거에 관하여

비재산적 손해에 대한 배상청구권은 민법전 제249조 이하와 연결된 제823조 제1항으로부터 인정될 수 있다.

민법전 제823조 제1항에 따르면 고의나 과실로 타인의 생명, 신체 건강, 자유, 재산권 또는 기타 권리를 불법적으로 침해한 자는 그를 배상할 책임이 있다.

일반적 인격권(적 법익)은 민법전 제823조 제1항의 의미에서의 '기타 (포괄적) 권리'에 해당한다. 연방최고법원은 1954년 5월 25일의 '독자편지 판결(Leserbrief- Entscheidung)'에서 처음으로 일반적 인격권을 민법전 제823조 제1항의 의미에서의 기타 권리로 인정하였다.182)

---

182) BGHZ 13,334; BGHZ 26, 349 (Herrenreiter)를 통하여 그러한 입장은

민법전 제249조 이하는 **손해배상의 유형과 범위**를 규율한다.

2002년 1월 1일에 「채권법의 현대화 법률」이 발효되기 이전의 판례에 따르면 일반적 인격권의 침해로 인한 조정청구권에 있어서는 구 민법전 제847조의 의미에서의 위자료청구권이 문제되는 것이 아니라, 헌법합치적 해석의 틀에서 민법전 제253조 제1항의 예외로서 민법전 제823조와 제249조에서 나오는 특수한 조정청구권이 문제되는 것이다.183)

1973년 연방헌법재판소의 소위 조라야 결정(Soraya-Entscheidung)184)을 보충하여, 연방최고법원은 일반적 인격권 침해로 인한 **금전배상청구권**에 있어서는 구 민법전 제847조에 따른 위자료가 문제되는 것이 아니라, 기본법 제1조와 제1조 제1항에서 나오는 보호의무로부터 도출되는 권리가 문제되는 것이라고 판시한 바 있다. 이에 대한 손해보전에 있어서는 통상적으로 피해자의 만족과 예방이라는 관점이 전면에 선다고 한다.185) 또한 구 민법전 제847조의 삭제와 민법전 제253조 제2항을 신설한 「채권법 현대화 법률」에 따른 새로운 규율에 근거하는 경우에도, 이에 관한 한 원칙적으로 아무 것도 달라지지 않았다.

민법전 제253조 제1항은 다음과 같이 규정하고 있다: 재산적 손해가 아닌 손해에 대한 금전적 손해배상은 법률이 정하고 있는 사안에서만 청구될 수 있다.

민법전 제253조 제2항은 다음과 같이 규정하고 있다: 신체, 건강, 자유 또는 성적 자기결정권의 침해로 인한 손해배상이 행해질 수 있다면, 재산적 손해가 아닌 손해에 대해서도 상당한 금전적

그 후로도 계속되었다.

183) BGH, NJW 1995, 861 (Caroline von Monaco Ⅰ).

184) BVerfGE 34, 269 (Soraya).

185) BGH, DB 1996, 567.

손해배상이 청구될 수 있다.

민법전 제253조 제2항에서 명백히 열거된 법익에 일반적 인격권이 빠져있기는 하지만, 그 때문에 채권법 개혁을 계기로 한 금전배상청구권으로 인하여 일반적 인격권의 보호가 폐지되거나 축소되어서는 안 된다.[186] 민법전 제249조와 연결된 제823조의 헌법합치적 해석에 관한 공식적 이유서에 따르면, 비재산적 손해에 대해서도 배상이 행해져야 한다.[187]

사소한 모욕이 손해보전 없이 감수되어야 하는 것에 반하여, 심한 모욕에 대한 법적 효과로서 금전적 손해보전청구권은 헌법합치적 해석의 틀에서 가능하다.[188]

객관적으로 인격권의 중대한 침해가 문제되고, 특히 침해의 유형에 따른 손해보전이 다른 방법으로는 얻어질 수 없다는 것으로부터 손해보전의 필요성이 인정된다는 것이 유일한 제한적 전제조건으로서 고려된다.[189]

침해의 중대성은 침해의 의미와 범위에 따라, 위법한 침해의 계기와 동기에 따라, 그리고 행위자의 유책성 정도에 따라 판단된다.[190]

인격권 침해의 사례에서 금전적 손해보전을 인정하는 경우 통상 피해자의 만족이라는 관점과 예방적 측면이 전면에 선다.[191]

---

186) *Wagner,* NJW 2002, 2056.

187) 공식적인 이유서에 관하여는 참고로 *Wagner,* Das neue Schadensrecht, 2002, S. 135.

188) LG Hannover, Urteil vom 11.01.2006 - 6 O 73/05: "너는 네 나이에 비해 상당히 늙어 보인다" ...... "음, 그렇다 치고 우리는 그러니까 Pro 7(TV 채널)에 괜찮은 수술쇼를 가지고 있고, 그래서 당신에게 제안할 수 있다."; LG Coburg vom 27.08.2007 - 12 C 1793/06: "허접쓰레기, 도둑년, 바보같은 암소."

189) BVerfGE 34, 369; BGH, NJW 1995, 861; *Steffen,* NJW 1997, 10.

190) *Palandt/Sprau,* § 823, Rdnr. 124.

금전적 손해보전 외의 다른 배상 가능성은 거의 존재하지 않
는다. 부작위처분은 장래의 명예훼손에 대해서만 유용하며, 이미
범하여진 불법에 관하여는 아무런 구제수단도 제공하지 못한다.
철회와 정정기사는 모욕적인 가치판단에 대한 구제수단으로는 적
합하지 않다.192)

연방최고법원의 판례193)에 따르면 인격권 침해에 대한 금전
적 손해전보는 이러한 유형의 권리침해에 대하여 금전적 손해전
보 청구권을 인정하지 않으면 종종 아무런 제재없이 인격권 침해
에 대한 권리구제가 약화되는 결과를 낳는다는 사상에 근거한다.

경찰관에 대한 공격적 모욕행위에 대한 일반예방적 측면 또
한 적절한 금전적 손해보전의 필요성을 강화시킬 수 있다.194)

12.2.2.2 모욕만을 이유로 한 금전적 손해보전청구권의 부대소송 제기 가능성

형사소송법 제403조에 따르면 피해자는 피고인에 대하여 범
죄행위로 인하여 발생한 - 통상법원의 관할에 속하며 다른 법원
에 계속되어 있지 않은 - 재산법적 청구권을 형사절차에서 주장
할 수 있다.

재산법으로부터 도출되거나 재산가치 있는 이행을 목적으로
하는 모든 청구권은 재산법적이다.195) 손해배상청구권과 위자료청

---

191) BGH, NJW 2006, 605.
192) OLG Hamm, Urteil vom 04.02.2004 - 3 U 168/03 (Lisa Loch).
193) 특히 참고로 BGH, NJW 1995, 861.
194) 금전적 손해전보의 예방적 성격에 관하여는: BVerfG, NJW 2006, 595; BGH, NJW 1996, 984; BGH, NJW 2005, 215; OLG Hamm, Urteil vom 04.02.2004 - 3 U 168/03: "인격권 침해에 대한 금전적 손해보전은 하나의 상징성을 갖는다. 이는 일반예방적 목적을 추구한다. 행동유도는 형법의 유보적 법익에만 속하지는 않는다."
195) *Granderath*, NStZ 1984, 400.

구권, 심지어 경제적 이익을 추구하는 부작위청구권도 이에 속한다.

문법적으로 해석하면 금전적 손해보전청구권도 재산가치 있는 이행을 목적으로 하며, 따라서 부대소송으로 제기할 수 있다는 결론이 도출된다. 금전적 손해보전청구권은 민사소송에서 뿐만 아니라 형사소송에서도 부대소송을 통하여 주장될 수 있다.

12.2.2.3 가액을 명시하지 않은 신청의 허용성

일반적인 견해에 따르면, 원고가 정확한 가액을 명시할 수 없거나 가액을 명시하는 것을 기대할 수 없는 특별한 이유가 있는 경우에는 지급소송에 있어서 가액을 명시하지 않고 신청할 수도 있다.[196]

채무 금액이 법원에 의한 정당한 재량에 따른 평가에 근거하여, (민사소송법 제287조) 또는 전문감정인의 평가를 취합함에 따라 확정될 수 있는 경우에는 가액을 명시하지 않은 신청이 항상 허용된다.

신청에 있어 가액의 특정이 요청되는 것에 대한 예외를 인정하는 근거는 다음과 같다: 신청인에게 모든 경우에서 가액을 명시할 것이 요구되면, 그는 – 법원이 다른 금액이 적절한 것으로 판단하는 경우 – 일부 금액에 대하여 기각판결을 받게 되고 민사소송법 제91조로 인해 소송비용을 부담해야 할 리스크를 부담하게 되거나, 본래 그에게 귀속되어야 할 금액보다 적은 금액을 수령하게 될 위험에 처한다[민사소송법 제308조 – 불고불리의 원칙(ne ultra petita)].

법원 실무에 있어 관습법적으로 허용되는 빈번한 사례로는 가액을 명시하지 않은 "적절한 위자료"나, 금전적 손해보전에 대

---

196) BGH, NJW 1992, 311; BGH, NJW 1996, 2425; BGH, Urteil vom 02.01.2001 – Ⅵ ZR 356/00.

한 소송이 있다.197)

12.2.2.4 사법실무에 있어서 부대소송의 지위

형사소송법 제406조 제1항 제4문의 도입을 통하여 연방의 입법자는 범죄행위의 피해자가 과거의 많은 형사재판 실무와는 달리 앞으로는 부대소송의 신청을 통하여 자신의 목적을 이룰 수 있는 가능성을 증대시키겠다는 의사를 공표한 바 있다.

형사소송법 제406조 제1항 제4문은 다음과 같이 규정하고 있다: 신청인의 정당한 이익을 고려하더라도 신청이 형사절차에서 처리하기에 적합하지 않은 경우에만, 법원은 재판을 배제할 수 있다.

형사소송법 제406조 제1항 제5문은 다음과 같이 규정하고 있다: 결정이 단지 청구권의 근거 또는 그 일부에만 제한될 지라도 특히 그 밖의 사정에 대한 심사로 인하여 절차의 진행이 현저하게 지연되게 되는 경우, (부대소송의) 신청이 형사절차에서 처리하기에 적합하지 않다.

그러나 부대소송의 강화를 위한 지금까지의 모든 입법적, 집행적 조치들에도 불구하고, 법원에서의 부대소송 절차가 상당 부분 위축되고 있다는 점을 사법실무에서는 주목하여야 한다.

처음부터 부대소송 절차의 진행을 금지하거나 부대소송절차에서 신청을 제기하는 경찰관에게 소제기 권한을 부인하는 형사법원의 판사가 있어서는 안된다. 이 외에도 관련 절차가 형사소송법 제406조의d에 반하여 피해를 입은 신청인을 완전히 배제하고, 그의 참가나 인지 없이 종료되는 일이 발생하여서는 안 된다.

다음의 항변 또한 부대소송을 저지할 아무런 법적 근거가 되지 않는다.

- 이미 고소 접수시에 허용된 - 신청에서 사실관계가 완전히 문

---

197) *Schneider*, MDR 1985, 992.

서화 되어 있어야 한다는 것은 타당하지 않다. 왜냐하면 법원에서 최후진술에 앞서 구두로 신청을 하는 것으로도 충분하기 때문이다(형사소송법 제404조 제1항).

이처럼 신청에서 사실관계가 완전하게 적시될 것을 요구하는 것은 부분적으로는 피신청인(또는 피청구인)에 대한 통상적 송달의 보장이라는 관점에서 주장된다. 그러나 부대소송의 신청 이후에 법원에 의해 행해지는 통상적 송달은 피해자인 신청인의 책임 영역에 놓이지 않는다.

또한 경찰관이 피해자로서 "단지 청구이유의 유무에 대한 판결(Grundurteil)만을 받았다"고 알려지는 경우가 많다. 형사소송법 제406조 제1항 제2문에 따를 때, 판결이 주장된 청구권의 기초나 일부로 제한될 수 있다는 것은 맞다. 그러나 반드시 그것에 국한될 필요는 없다. 그것은 (전적으로) 독립적 지위를 누리는 판사에게 달려있다.

또한 – 법적으로 허용되고, 입법자가 강력하게 원했던 – 부대소송의 신청이 변호인에 의하여 경찰관 개인의 경제적 이익으로 해석될 수 있고, 이것은 증인에 대한 신뢰도에 있어서도 중요할 수 있다는 것이 실무에서 지적되었다. 이러한 지적은 틀리지는 않지만 효과적이지는 못하다. 왜냐하면 이러한 변호의 해석에 관한 결정은 여전히, 그리고 항상 재판장의 의무이기 때문이다. 그리고 모든 개별사안에서 법과 법률에 따라 객관적이고 독립적으로 판결하는 재판관은, (부대적) 신청에서 신청인의 신뢰성을 판단하는 증거법칙을 알지 못한다.

12.2.2.5 사법실무에 있어서 부대소송과 입법론198)

부대소송의 신청이 범죄자에 집중되고 피해자를 과소평가하는 형사절차에서 너무 자주 짐스러운 부속물로서 취급되어서는

---

198) 관용화법에 따른 "da lege lata"와 "de lege ferenda". De lege lata: "현행법에 따라"; de lege ferenda: "만들어져야할 법에 따라".

안 된다. 또한 몇몇 형사법원의 판사들이 업무 과중과 사법적 문제들에 익숙하지 않음을 이유로 ― 모든 사법적 수단을 사용하여 절차를 피해자에게 가능한 한 효율적으로 형성해주지 않고 ― 형사절차에서 부대소송에 관한 절차를 함께 다루지 않으려고 하여서도 안된다. 나아가 그 결과 변호사들이 피해자인 의뢰인에게, 사법적(私法的) 문제에 익숙하지 않은 형사법원에서의 소송 리스크가 크기 때문에 사법적인 청구권은 차라리 민사법원에서 주장하라고 조언을 해야 하는 결과로 이어져서는 안된다. 사법(司法)정책은 사법의 신속화를 위하여 모든 형사법원의 판사를 사법적 도그마틱의 잠199)에서 깨우고, 효율적인 부대소송의 가능성을 그들의 손에 넘겨 주어야 한다.

법적 근거에 기초한 부대적 결정은 ― 예를 들어 금전적 손해전보에 있어 중요한 문제인 객관적으로 현저한 모욕과 회복의 필요성이 존재하는지에 관한 결정 ― 확실히 항상 개별적인 사안의 문제인데, 이러한 문제는 민사소송법 제286조에 따라 수명법관이 모든 중요한 주변 사정을 합리적으로 평가하여 판단하여야 한다.

입법자가 민법전 제253조 제2항을 개정한 문언은 잠재적 인

---

199) 이러한 비유는 다음과 같은 칸트의 서술에 의존하고 있다. *Kant*, Prolegomena, Vorwort Ⅳ 255: "나는 솔직히 고백한다. David Hume 의 기억이 바로 내게 여러 해 전에 먼저 나를 도그마틱적 잠에서 깨어나게 했고, 사변적(思辨的 ― 철학용어)인 철학 분야에서의 내 연구에 완전히 다른 방향을 제시해주었다. 나는 그의 추론을 고려함에 있어 그의 말에 전혀 귀기울이지 않았으며, 단지 그를 느낄 뿐이었다. 왜냐하면 그는 그의 과제를 전부 소개하지 않고, 단지 그것의 일부만 알려주었기 때문이었다. 그리고 그것은 전부를 고려하게 하지 않았고, 아무런 정보도 얻을 수 없었다. 하지만 우리가 다른 사람이 우리에게 남겨준, 근거는 있지만 상세하게 설명되지는 않은 사고로부터 출발한다면, 우리는 이것을 이후에 현명한 자가 올 때 계속되는 사고에 있어 바탕을 삼을 것을 기대할 수 있으므로, 그에게 우리는 이러한 번뜩이는 발상의 단초를 신세지게 된다."

격권 침해의 전제조건의 존재에 대하여 모든 개별사안에 대해 완전하고 합리적인 형량을 요구하지 않았다. 동조에서는 단지 인격권이라는 단어만 삽입되었다.

그렇게 이해하는 것이 논리에 맞을 것이다. 왜냐하면 인격권은 고차원의 법익으로 인정되기 때문이다. 인격권의 보호를 위해 판례는 이미 수십년 전에 판사들의 법률연수를 통하여 가장 심각한 인격권 위반 사례에 대한 공백을 메꾸었는데, 왜냐하면 인격권의 보호에 있어서의 공백은 도저히 참을 수 없는 것으로 느꼈기 때문이었다. 입법자를 대신하여 판례에 의해 완전한 보강이 행해진 것이 위법했을 수도 있다. 그러나 인격권의 중대한 침해에 사법적인 제재가 뒤따라야만 한다면, 도그마틱적으로 그리고 생활실상에서 왜 다른 (더 경미한) 침해들에 대하여 적절한 제재를 통해 대응하면 안 되는 것인지를 이해할 수 없다. 많은 하급심 판결들이 보여주는 바와 같이, 많은 법률가들은 이를 유사한 것으로 보고 있다. 모욕에 대하여 형법적인 유죄판결 이외에 부대소송을 제기한 경찰관들에 대해 위자료나 정당한 금전 손해보전을 인정하는 판결을 통해 제재한 형사법원의 판사가 있었고 지금도 있는데, 그 이유는 경찰관들이 국가와 시민을 위한 적법한 직무행사에 있어 구두로 행해지는 적대적 행위로부터 아무런 보호없이 방치되는 일이 있어서는 안 되기 때문이다.

경찰관은 사인인 시민처럼 분쟁당사자 사이에서 종종 번갈아서 야기될 수 있는 적대적 행위의 일회적 피해자가 아니며, 국가적 법질서를 대표함에 있어 신체적 공격의 전단계인 구두로 행해지는 공격에 항상 내맡겨져 있다. 형사절차에서 성공적인 부대소송의 신청이라는 형태로 행해지는 신속한 국가적 대응이 증가하는 범죄자의 행동을 저지할 수 있다.

12.3 소 결

경찰관에게 발생한 손해의 결과를 도주자에게 귀속시킴에 있어서, 피해자인 경찰관은 도주자에 대하여 추적 시에 발생한 손해를 이유로 손해배상청구권과 위자료청구권을 갖는다.

그것이 범죄행위 자체로부터 발생한 경우에 한하여 사법적인 청구권이 부대소송절차에서 성공적으로 주장될 수 있다. 범죄행위의 추적 사례에서 청구권은 도주 자체 또는 도주 시 도주자의 가해행위가 범죄행위인 경우에만 "범죄행위로부터 발생한 것"이 된다.

모든 사법적 청구권이 부대소송의 방식으로 주장될 필요는 없고, (형사소송과) 별도로 민사소송절차에서도 주장될 수 있다.

13. 외상 도박

13.1 예시사례 "불운 중 행운"

경찰관이 출동 현장에서 술집 주인인 W와 손님인 G를 만난다. W가 G에게 그의 부탁으로 50 유로를 행정청의 허가를 받은 슬롯머신에 쓰도록 "빌려주었다". G가 나중에 50 유로를 갚지 않아도 되도록 하려고 자발적으로 자신의 인적 사항을 알려주려 하지 않으므로 W가 경찰을 불렀다. W는 경찰관에게 이제 G의 인적 사항을 조사해줄 것을 요청한다. G는 모든 협력행위를 거부한다.

13.2 사례 해결을 위한 법

신원확인(Identitätsfeststellung)은 "위험방지를 위한" 신원확인을 규율하고 있는 경찰법의 권한규범에 따라 허용될 수 있다.

위와 같은 방식의 법률인용에서 볼 수 있듯이 경찰법 규범에서 위험의 유형과 위험과의 관련성이 명백하게 열거되어 있지 않다면, 그 법률은 개괄적 수권조항에 입법적으로 정의되어 있는 위험, 즉 공공의 안녕과 질서와 관련된 구체적 형태의 위험을 의미하는 것이다.

그렇다면 공공의 안녕과 질서에 대한 구체적 위험의 방지를 위한 신원확인은 적법하다.

위험(Gefahr)이란 예견되는 사건이 아무런 저지를 받음이 없이 진행되었을 때 예견 가능한 시간 내에 손해가 발생할 충분한 개연성이 있는 상태를 말한다.[200]

구체적 위험(konkrete Gefahr)이란 개별적인 경우에 예견되는 사건이 아무런 저지를 받음이 없이 진행되었을 때 예견 가능한 시간 내에 손해가 발생할 충분한 개연성이 있는 상태를 말한다.

공공의 안녕(öffentliche Sicherheit)은 개인의 권리와 법익, 법질서 그리고 국가 및 그밖의 고권력 주체의 제도와 행사를 포괄한다.[201]

공공의 질서(öffentliche Ordnung)는 지배적 가치관에 따를 때 그것을 준수하는 것이 질서있는 공동체생활의 불가결한 전제로 간주되는, 공중속에서의 개별 행동에 대한 불문규율의 총체를 포괄한다.[202]

G의 신원이 확인되지 않는 경우 W가 더 이상 사용할 수 있는 방법이 없기 때문에 G에 대한 W의 50 유로 반환 청구권의 실현은 불가능해진다. 따라서 이 경우에는 신원확인-권한규범의 의미에서의 위험이 존재하게 된다. 확인된 인적정보는 공적 영역 밖의 개인이나

---

200) BVerwG vom 26.06.1970 - Ⅳ C 99.67 = NJW 1970, 1890.

201) *Drews/Wacke/Vogel/Martens*, Gefahrenabwehr, S. 232 ff.

202) BVerfGE 69, 315, 352 ff.; 개념정의의 기원: 프로이센 경찰행정법 1931.

기관에 대한 경찰의 정보제공에 관한 경찰법상의 권한규범에 근거하여 W에게 제공될 수 있다. 이에 대해 W의 G에 대한 민법적 청구권은 당연히 존재한다. W와 G 사이에 50 유로에 관하여 체결되었던 계약은 민법전 제598조-제606조의 의미에서의 사용대차가 아니다. 왜냐하면 사용대차의 경우에는 사용대차계약의 전형적인 요소에 관한 민법전 제598조와 차주(借主) 반환의무에 관한 민법전 제604조에서 볼 수 있듯이 특정한 물건이 차용되고 다시 반환되기 때문이다.

　민법전 제598조는 다음과 같이 규정하고 있다: 사용대차계약에 의해 물건의 대주는 차주가 물건을 무상으로 사용하도록 허용할 의무를 진다.

　민법전 제604조 제1항은 다음과 같이 규정하고 있다: 차주는 차용물을 사용대차에서 특정된 시간의 경과 후 반환할 의무를 진다.

　금전지급의 경우에 있어서는 오히려 민법전 제488조 이하에 따른 (무이자) 금전소비대차계약이 문제되는 바, 이 경우에는 대주(貸主)가 차주에게 특정한 금액을 지급하고, 차주는 "똑같은 지폐나 동전이 아닌" 같은 금액을 대주에게 반환할 의무를 진다.

　민법전 제488조 제1항은 다음과 같이 규정하고 있다: 소비대차계약에 의해 대주는 차주에게 약정한 금액을 제공할 의무를 진다. 차주는 채무에 대한 이자를 지불하고 이행기가 도래하면 제공받은 차용금(借用金)을 반환할 의무를 진다.

　도박에 사용하도록 하기 위하여 금전을 지급하는 경우 소비대차계약은 도박의 부대계약이다. 주점 내의 슬롯머신이 행정청의 허가를 받은 경우에는 형법전 제284조의 의미에서의 허가받지 않은 도박이 문제되지는 않는다.

　도박과 내기는 민법전 제762조에서 규율되고 있다. 민법전 제762조 제1항은 다음과 같이 규정하고 있다: 도박이나 내기에 의해서는 채무가 발생하지 않는다. 따라서 도박이나 내기에 근거하여 이루어진 급부는 반환을 청구할 수 없다. 왜냐하면 채무가 존재하지 않았기 때문이다.

민법전 제762조 제2항은 다음과 같이 규정하고 있다: 이 규정은 도박이나 내기로 인한 채무의 이행을 위하여 패자가 승자에게 채무를 승인하는 약정, 특히 채무승인에 관하여도 적용된다.

도박과 내기는 리스크 계약(Riskverträge)이다. 리스크 계약의 경우 계약 조건에 따른 득실의 결정은 본질적으로 참가자의 능력이나 지식에 의하여 결정되는 것이 아니라 오로지 또는 주로 우연에 따라 결정된다. 즉, 계약조건에 따른 득실이 예측불가능한, 평균적 참가자의 영향에서 벗어난 원인의 작용에 의하여 결정된다(우연한 행위). 우연에 의존하는 이득을 얻을 수 있는 베팅이 필수적이다.

민법전 제762조의 의미에서의 도박과 내기계약은 불완전 채무이다. 민법전 제762조 제1항 제1문에 따르면 동 계약으로부터는 아무런 이행청구권이 발생하지 않는다.

그러나 민법전 제762조 제1항 제2문에 따르면 그것은 이미 지급된 급부에 대한 부당이득반환청구권을 부정하는 법적 근거가 된다.

이것은 다음과 같은 것을 의미한다: 도박으로부터는 아무런 이행청구권이 발생하지 않는다고 하더라도, 패배시 금전을 지불하였던 (도박)참가자는 이행청구권이 존속하지 않는다는 것을 이유로 이미 지급된 금전의 반환을 소구할 수 없다.

민법전 제762조의 규정으로부터 "도박과 내기는 공서양속에 반하지 않는다"는 역설적 결론이 나타난다. 오히려 국가는 단지 이로부터 발생하는 급부 요구를 사법적(司法的)으로 관철할 수 있는 가능성을 부정하고 있을 뿐이다. 이에 관한 근거로는 중독과 상업화의 위험 그리고 그 결과가 완전히 또는 주로 우연에 의존하는 행위의 보호가치성의 - 경제적으로도 - 결여를 들 수 있다.

도박 및 내기와 밀접한 관련있는 부대계약에는 민법전 제762조가 준용될 수 있다.

민법전 제134조에 따라 금지된 도박에 있어서는 도박의 목적으로 제공된 차용금은 무효이다. 금지되지 않은 도박의 경우 특별한 사정 하에서만 민법전 제138조의 의미에서 공서양속 위반이 될 수 있다 - 대주의 이기적인 동기에 기한 행위가 문제되는 경우가 그러하다.

민법전 제134조는 다음과 같이 규정하고 있다: 법률로 정한 금지에 저촉되는 법률행위는 법률이 달리 규정하지 않는 한, 무효이다.

민법전 제138조 제1항은 다음과 같이 규정하고 있다: 공서양속에 저촉되는 법률행위는 무효이다.

또한 외상 도박에 있어 차주는 도박에서 돈을 잃은 후 대주인 다른 참가자나 도박장 개장자(開場者)에게 차용금을 환불할 필요가 없다.

구체적 사안에 있어서의 사법적 결과는 다음과 같다: W는 책임 있는 업주로서 여기서는 슬롯머신을 통한 도박장의 개장자이다. 차주인 G는 그에게 제공된 50 유로를 환불할 필요가 없다. 왜냐하면 이 경우의 소비대차계약은 민법전 제762조의 도박에 관한 부대계약으로서, 동조의 적용영역에 해당하기 때문이다. 민법전 제762조에 따를 때 사법적으로 관철 가능한 (반환)청구권이 발생하지 않으므로, 업주의 청구권 또한 아무런 위험에 처하지 않는다.

13.3 소 결

경찰에 의해 법적 상황에 대한 언급이 행해져야 한다.

도박의 차주에 대한 신원확인은 그가 명백히 거부하는 경우에는 통상적으로 중지되어야 한다.

특정한 도박에 대하여는 **특별법 규정**이 적용될 수 있다. 예를 들어 경마는 그의 호칭과 달리 (내기가 아닌) 도박이나, 민법전 제762조에서 도박과 내기는 동가치를 가지므로 사법적(私法的)으로 중요하지는 않다.

경주 및 복권세법(RennwLottG)은 민법전 제762조에 대해 특별한 예외규정이며, 마권영업자에 관하여는 물론 베팅을 행한 사람에게도 마권의 교부에 따른 채무를 발생시킨다.

경주 및 복권세법 제4조 제2항은 다음과 같이 규정하고 있다. 마권이 교부되면, 공인경마업자(공인경마업체와 경주마 능력검사업체의 경영자, 경주 및 복권세법 제1조 제1항)에 대한 베팅은 마권영업자에 대하여 구속력이 있다. 물론 베팅을 한 자가 지불한 돈은 민법전 제762조에 근거하여 반환될 수 없다. 베팅한 금액이 지불되지 않는 한, 그는 배당금을 지급받을 수 없다. 그 밖에 민법전의 규정들은 이에 영향을 받지 않는다.

14. 접객업소에서의 지불다툼

14.1 예시사례 "접객업소 주인은 어찌할 도리가 없다"

디스코텍의 출입구에서 경찰관은 보안요원 T와 손님 G를 만난다. G는 자신이 지불할 수 없을 정도의 많은 음료를 마셨다. 때문에 T는 G의 핸드폰을 빼앗았고, 이를 "접객업주의 담보"로서 지불 시까지 보관하려고 한다. G가 동의하지 않았기 때문에 T는 핸드폰을 빼앗는 과정에서 잠깐 G의 팔을 등쪽으로 꺽었다. G는 명백히 속이거나 도주하려 하지 않았다. G는 즉시 그의 핸드폰을 원했고, 자신의 옷장 키를 분실했음에도 불구하고 그의 자켓을 되찾고자 한다. 이로 인해 발생된 출입구의 혼잡으로 인해 다른 손님들의 입장이 일단 멈춰졌다.

14.2 사례해결을 위한 법

14.2.1 혼합형태의 접객업소 계약

접객업소의 계약은 혼합형태의 계약으로, 다음과 같은 계약형태들로 구성되어 있다.

- 매매계약 (음료, 식사)
- 서비스계약 (행사: 음악 청취, 댄스 가능성)
- 임대차계약 (공간의 사용양도)
- 도급계약 (공연)

혼합형태의 계약에 있어서 법 적용에 관한 기본적 규율들은 다음과 같다.

1) 어떤 하나의 요소가 계약의 본질적 특징을 이룬다면, 이러한 요소에 관한 법만이 전체 계약에 적용된다.

2) 여러 요소들이 계약에 관하여 동가치적 의미를 갖는다면,

각각의 요소에 그 요소에 관한 법이 적용된다.[203]

14.2.2 강도, 절도 및 횡령으로의 가벌성 검토

보안요원 T는 G의 팔을 제압하고 G의 핸드폰을 빼앗음으로써 형법전 제249조에 따른 강도죄로 처벌될 수 있었다. 핸드폰은 타인의 동산이었다. 이것을 T는 실력을 행사하여 빼앗았다. T의 입장에서 보면 실력행사는 궁극적으로 빼앗는 행동에 속하였다. T는 고의적으로 행위하였다.

주관적 구성요건으로 요구되는 (제3자의) 불법영득(rechtswidrige Zueignung)은 행위자가 소유권 취득의 의도와 (타인) 소유권 배제의 고의로 행위하는 경우에만 존재한다.

예시사례에서는 제3자의 불법영득의사가 존재할 수 있다. 왜냐하면 T가 민법전 제164조에 따라 디스코텍 소유자를 대리하여 디스코텍 계약에 기한 채권을 관철하기 위하여 핸드폰을 탈취하려고 했기 때문이다.

대리에 관한 민법전 제164조 제1항은 다음과 같이 규율하고 있다: 누군가가 자신에게 귀속하는 대리권의 범위 내에서 피대리인의 이름으로 행하는 의사표시는 직접 피대리인에게 그 효력이 귀속된다. 의사표시가 명백히 피대리인의 이름으로 행해졌는지, 아니면 주변 사정으로부터 그의 이름으로 행해져야 하는 것임이 밝혀지는지 여부는 아무런 차이가 없다.

영득의사(Zueignungsabsicht)는 임시적인 소유권 취득의 의도와 권원있는 자의 소유권의 계속적 박탈 의사로 구성된다.

T가 소유권자와 유사한 지위를 남용하여 물건을 자신의 영역이나 디스코텍 운영자의 재산영역으로 적어도 일시적으로는 옮겨

---

203) 다수 계약형태의 존재에 있어서 총체적 도그마틱에 관하여는: *Palandt/Grüneberg*, vor § 311, Rdnr. 16 – 26.

놓으려 하였기 때문에 소유권 취득의 의도는 존재한다.204)

행위자가 물건을 탈취함에 있어 권원자의 경제적 지위를 계속해서 배제하려고 할 때, 소유권 박탈의 고의가 존재한다.205)

예시사례의 경우 소유권 배제의 고의는 결여되어 있다. 왜냐하면 T는 처음부터 디스코텍 계약에 따른 채권이 실행되고 나면 핸드폰을 G의 재산 영역으로 반환시키려 했기 때문이다.

유가물(有價物)의 영득 또한 존재하지 않는다. 왜냐하면 T가 단지 핸드폰을 빼앗음으로 인해 G로부터 종국적으로는 재산상 이익을 획득하려고 하였지만, 핸드폰과 관련한 타인의 소유권을 부정하려는 것은 아니었기 때문이다.

중간결론: 보안요원 T는 – 여기에서 제시된 담보사례의 경우에서와 같이 대부분 – (제3자의) 불법영득의사를 전혀 갖고 있지 않다.

형법전 제249조의 강도죄는 위법한 탈취의 의도가 결여되어 있으므로 인정되지 않는다.

형법전 제242조의 절도죄는 위법한 절취의 의도가 결여되어 있으므로 인정되지 않는다.

형법전 제246조의 횡령죄 또한 배척된다. 왜냐하면 객관적으로 인정되는 횡령은 헌법적으로 요구되는 엄격 표현설206)에 따르면, 외부적으로 인식가능한 행위자의 다음과 같은 행동, 즉, 행위자가 물건을 그의 지배권으로 들여오고 보관하고자 하는 표현이 신뢰할 수 있게 이루어지는 행동을 요구하기 때문이다. 어쨌든 주관적 구성요건에 있어서 T의 그러한 고의는 부정되어야 한다.

중간결론 : T에 의한 핸드폰의 탈취는 형법적으로 처벌할 수 없는 물건 탈취에 해당하다.

---

204) 참고로 *Fischer*, Strafgesetzbuch, § 242, Rdnr. 33, 33a.
205) 참고로 *Fischer*, Strafgesetzbuch, § 242, Rdnr. 33, 33a.
206) BGHZ 1, 264; 14, 39; 34, 309.

지금까지 도출된 중간결론에서 형법은 그의 단편적인 성격을 보여준다.

14.2.3 상해죄의 가벌성 검토

보안요원 T는 손님 G의 팔을 꺾었다는 것을 이유로 형법전 제223조에 따른 상해로 처벌될 수 있었다.

형법전 제223조 제1항에서의 **건강**(Gesundheit, 생리적 기능)의 침해는 존재하지 않는다.

형법전 제223조 제1항 전단의 **신체학대**는 그를 통하여 피해자의 신체의 완전성(Wohlbefinden)이나 신체의 불가침성(Unversehrheit)을 객관적으로 현저하게 침해하는 모든 비난가능한, 적절하지 않은 행위를 말한다.[207]

손님에게 신체적 통증이나 상당한 불쾌감을 주지 않는 (단지) 순간적이고 기술적인 제압은 신체학대의 정의에 포함되어 있는 현저함의 문턱을 넘어서지 않는다.

중간결론: T는 형법전 제223조에 따른 상해죄의 처벌대상이 되지 않는다.

14.2.4 강요죄의 가벌성 검토

보안요원 T는 손님 G의 팔을 꺾어 제압했다는 것을 이유로 형법전 제240조에 따른 강요죄로 처벌될 수 있었다.

T는 예상되는 저항의 억제를 위하여 G에게 물리적 강제, 즉 폭력을 행사하였다.

그에 대하여 G는 그의 핸드폰 탈취를 수인하였고, T는 바로 실력행사를 통하여 핸드폰을 탈취할 수 있었다.

T는 또한 고의적으로 행위하였다.

---

207) BGHZ 53, 145, 158.

중간결론 : T는 (강요죄의) 구성요건을 충족하는 행위를 하였다.

14.2.4.1 정당화사유의 존재 여부에 대한 심사

14.2.4.1.1 질 권

민법전 제704조에 따라 접객업주는 특히 손님의 필요를 만족시키기 위해 제공한 이행과 관련된 (비용이 포함된) 자신의 채권을 위해, 손님이 반입한 물건에 질권을 갖는다.

민법전 제704조는 제2문에서 민법전 제562조 - 제562조의d의 임대인의 질권 규정을 참조하도록 규정하고 있다.

이에 따르면 임대인은 (민법전 제562조 - 제562조의d의 임대인의 질권에 대한 민법전 제704조 제2문에서의 참조 규정으로 인해 업주 또한) 손님이 반입한 물건의 반출을 저지할 수 있다.

법정질권이 존재하는 경우, 위에 제시된 예시사례에 있어 보안요원이 물리적 강제를 행사하였다면, 민법전 제704조에 의해 정당화될 수 있을 것이다. 그러나 민법전 제704조에 사용된 개념, 접객업법상의 개념 및 그를 다룸에 있어 부주의가 실무상으로는 종종 민법전 제704조의 적용영역이 부당하게 확대되는 결과를 가져오고는 한다.

민법전 제704조의 점유없는 법정 질권은 업주가 손님에게 숙소를 제공한 경우에만 귀속되며, 개최된 행사를 계기로 단지 음료와 식사의 제공에만 초대한 접객업소의 운영자에게는 귀속되지 않는다.

14.2.4.1.2 자력구제(Selbsthilfe)

민법전 제229조가 규정하고 있는 자력구제의 요건 중 하나가 보안요원 T를 위한 다른 정당화 사유로서 고려될 수 있다. 민법전 제229조는 민법전의 일반적 자력구제 조항으로서, 정당화를 위한 보충조항이다.

이 경우에 민법전 제229조가 적용될 수 있다. 자력구제의 목적으로 물건을 탈취하거나 손상을 가한 자 또는 **자력구제의 목적으로 도주의 우려가 있는 의무자를 붙잡거나 수인의 의무가 있는 행위에 저항하는 의무자의 저항을 배제하는 자**는 당국의 조력을 적시에 얻을 수 없고 그의 즉시 개입없이는 청구권의 실현이 불가능하거나 현저히 곤란해질 위험이 존재하는 경우에는 불법적으로 행위를 한 것이 아니다.

그러나 예시사례의 경우 손님은 전혀 도주하려고 하지 않았다.

지불청구권은 손님에 대한 신원확인이 행해지지 않은 것이나 그의 도주가 우려됨으로 인해 위험에 빠진 것이 아니다. 손님은 도주하려 하지 않았으며 – 손님이 아무런 신분증도 갖고 있지 않은 경우에는 – 명백한 신원확인을 위한 당국의 도움도 적시에 얻어질 수 있었다.

중간결론 : 실력의 행사는 정당화되지 않았다. 정당화 사유가 적용될 수 없기 때문에 행위는 위법하다.

14.2.4.2 책임과 금지착오(Verbotsirrtum)의 검토

T가 유책적으로 행동한 것은 틀림없다.

보안요원의 강요에 대한 처벌 가능성의 심사에 있어서는, 최소한 보안요원이 불법행위에 대한 인식을 가지고 있었는지 여부가 조사되어야 한다.

예시사례에서 보안요원은 그것이 실제로 존재하였다면 행위가 정당화될 수도 있었을 주변의 사정들을 착오로 수용하였다.

T는 민법전 제704조에서 인정된 정당화 사유의 범위와 한계에 대하여 착오를 범하였고, 아울러 **형법전 제17조**에 따라 다루어져야 할 허용의 착오(Erlaunisirtum)에 빠져 있었다.

이러한 허용의 착오가 회피될 수 없어서 T에게 책임이 없는지, 그리고 그것이 형법전 제17조 제1문에 의해 처벌 불가의 결과를 가져오는지 여부에 대하여는 의문이 있다.

허용의 착오의 회피 가능성에 관하여 다음과 같은 점이 인정될 수 있다:

T는 접객업소인 디스코텍 출입구의 보안요원으로서 영업법(GewO) 제34조의a 제5문 제3호에 따른 전문지식시험에 합격해야 했다. 이는 영업법 제34조의a 제3문 제3호에 따라 특히 그가 업무수행에 필요한 법적 규정들을 알고 있고, 그에게 그런 업무를 믿고 맡겨도 된다는 것을 증명하는 데 기여한다.

손님과의 지불에 관한 분쟁과 같은 일상적 사건에 있어서의 법적 가능성에 관한 지식은 접객업소인 디스코텍 출입구에 있는 보안요원에게 기대될 수 있어야 한다.

T는 착오를 피할 수 있었다.

최종 결론 : T는 G의 팔을 등쪽으로 꺾음으로 인해 형법전 제240조에 따른 강요죄로 처벌받을 수 있다.

14.2.5 접객업소 계약 범위 내에서의 질권 가능성

외적인 사건의 진행이 내적인 의도와 일치하지 않을 때, 형법적 자리매김과 민법적 자리매김은 달리 기술될 수 있음에 주목하여야 한다.

예를 들어 보안요원이 손님의 물건을 질물로서 보관하는 것은 법적으로 불가능하지 않다. 이것은 손님과 접객업소 경영자 간에 약정질권에 관한 당사자 합의가 있는 경우 법적으로 가능한데, 이는 사적 자치의 원칙, 기본법 제2조 제1항 그리고 그로부터 나오는 계약자유로부터 허용된다.

민법전 제311조와 제241조에 따르면 사법상의 권리주체는 법률위반과 공서양속위반의 한계 내에서 허용되는 내용을 담은 모든 계약을 체결할 수 있다.

실무적으로는 **보통거래약관**(AGB)을 통해 접객업소 계약에 편입하는 것을 생각해 볼 수 있다.

민법전 제305조 – 제310조는 보통거래약관에 대한 법을 규율한다.

민법전 제305조 제1항 제1문에 따르면 보통거래약관은 모두 다수의 계약을 위해 미리 작성된 계약조건으로, 계약체결 시에 일방 당사자가 타방 당사자에게 이를 제시한다.

민법전 제305조 제1항 제2문에 따르면 보통거래약관의 규정들이 극히 특별한 계약의 구성요소들을 형성하는지, 또는 약관의 규정들이 어떤 범위에서 어떤 문서유형으로 작성되고, 계약은 어떤 형식을 취하는지가 계약증서 자체에 기재되어 있는지 여부는 중요하지 않다.

민법전 제305조 제1항 제3문에 따르면 계약 당사자들 사이에 계약 조건에 관한 개별적 합의가 행해진 경우에는, 보통거래약관은 존재하지 않는 것으로 한다,

민법전 제305조 – 제310조는 다음과 같은 사항에 대하여 보통거래약관(AGB)과 상이한 규율체계를 갖고 있다. 즉, 보통거래약관의 특질을 고려하여 계약으로의 유효한 편입에 대하여(특히 민법전 제305조), 특별한 사례들로의 편입에 대하여(민법전 제305조의a), 보통거래약관보다 개별적 계약합의의 우선에 대하여 (민법전 제305조의b), 이례적이고 다의적인 보통거래약관 조항과 그것의 – 처음에는 가장 고객적대적이었던 – 고객친화적 무효에 대한 해석에 대하여 (민법전 제305조의c), 성문법의 적용 하에서 잔여계약의 존속이나 기대가능성이 없는 경우에 있어서 전체계약의 무효와 같이 보통거래약관의 비편입이나 무효시의 법적 효과에 대하여(민법전 제

306조), 보통거래약관 규정에 대한 위반금지 (민법전 제306조의a), 그의 내용에 대한 통제, 특히 민법전 제242조의 신의성실원칙과의 합치에 대하여 (민법전 제307조), 특정한 보통거래약관 조항의 금지에 대하여 (민법전 제308조와 제309조), 그리고 그의 적용가능성에 대하여 (민법전 제310조).

　　그러므로 이곳에서 민법전 제305조－제310조에 관하여 자세히 설명하는 것은 너무 포괄적이며, 개별적 상황의 해결을 위해서도 그다지 유용하지는 않을 것이다. 왜냐하면 경찰작용의 전형적 특징인 현장에서 어떤 결정을 신속하게 행하여야 한다는 압력이 없는 사법적(私法的) 관계에서조차 보통거래약관은 대량의 분쟁대상물이며, 해석과 형량이 필요한 개별적 문제에 근거하여 사법적(司法的)으로 그때그때 상이한 결과가 나오게 되는 대상물이기 때문이다.

　　약관과 관련하여 등장하는 경찰에 의한 사권보호의 문제와 형법적 문제에 대한 설명을 위하여 여기에서는 다음과 같은 것을 언급하는 것으로 충분하다.

　　실무상 **보통거래약관(AGB)**을 통한 접객업소 계약으로의 편입은 다음과 같은 방법을 고려할 수 있다. 아울러 질권, 그리고 다른 사법적(私法的) 평가 및 형법적 평가는 앞에서 상술한 것으로서 갈음될 수 있다.

　　1) 명백히 (구두에 의해) 보통거래약관을 참조하도록 함으로써
　　2) 보통거래약관을 분명하게 볼 수 있도록 게시하는 것을 통하여
　　3) 접객업소 계약의 체결에 있어서 보통거래약관에 대한 설명의 수령자인 손님 행위를 통해서인데, 여기서 손님의 행위란 접객업소 직원의 객관적인 이해에 따를 때 보통거래약관을 통한 접객업소 계약의 체결에 대한 손님의 동의로

볼 수 있는 것을 말한다. 접객업소 계약의 체결은 디스코
텍의 경우 입구에서 행해지고, 통상적으로 입장권 교부라
는 방식을 취하는 것이 전형적이다.

14.2.6 옷 보관증의 법적 중요성

옷 보관증은 단순한 면책증권에 불과하다. 따라서 여기에는
민법전 제794조와 제796조, 제797조를 참조할 것을 지시하는 민
법전 제807조가 적용될 수 없다. 옷 보관증은 채무자에게 존속하
는 채권관계에 관하여 채권자의 채권자성을 증명해 주는 표지이
다. 예시사례의 경우에 있어서는 채권자는 손님이며, 채무자는 접
객업소의 경영자로서 법인 또는 권리능력 있는 사단이다. 채권자
성은 다른 간접증거, 증거 또는 증명표지를 통하여서도 증명될
수 있다. 민법전 제242조에 따라 채무자는 거래관행을 고려하면
서 신의성실이 요구하는 대로 채무를 이행할 의무를 진다. 따라
서 주변 사정으로부터 손님이 자켓의 반환을 요구할 수 있다는
것이 밝혀지면, 옷 보관증이 없어도 자켓은 손님에게 반환되어야
한다. 자켓을 반환함으로써 당사자는 통상 민법전 제688조의 임
치계약을 종료시켰다. 민법전 제688조에 따르면 임치계약을 통하
여 수치인은 임치인이 인도한 동산을 보관할 의무를 진다. 수치
인은 디스코텍의 경영자이고, 옷장을 관리하는 직원이 그를 대리
한다. 임치인은 손님이다. 민법전 제696조 제1문에 따르면, 임치
인은 보관기간에 관하여 정함이 없는 경우에는 언제라도 보관된
물건의 반환을 요구할 수 있다. 보관기간에 관하여 정함이 있다
면, 임치인은 민법전 제696조 제2문에 따라 중요한 근거가 있는
경우에만 사전에 물건의 반환을 요구할 수 있다. 민법전 제688조
- 제700조의 임치에 관한 규정들은 당사자의 계약적 합의에 의해
적용되지 않을 수 있다. 이는 보통거래약관에 의해 접객업소 계

약에서 발생할 수 있다.

14.2.7 가택권과 출입거부

소위 가택권(Hausrecht)은 자신의 소유권에 속한 물건을 자기 마음대로 처분하고, 그에 대한 타인의 모든 간섭을 배제하는 민법전 제903조의 소유권의 특징과 다를 바 없으며, 이는 민법전 제854조 이하의 점유권의 특징이기도 하다. 소유권자와 점유권자는 그의 소유물에 대해 장해를 야기하는 자에 대하여 또는 그의 점유에 대한 방해에 있어 민법전 제1004조의 방해배제청구권 및 부작위청구권을 갖는다.

소유권자는 물론 직접점유자나 간접점유자(민법전 제868조)는 소유권과 점유권의 행사시 그 장소에 있는 다른 사람으로 하여금 소유권과 점유권 행사를 민법전 제164조 이하의 대리규정에 따라 대리하게 할 수 있고, **점유자**는 추가적으로 그의 점유를 점유보조자(민법전 제855조), 공동점유자(민법전 제866조) 그리고 점유매개자(민법전 제868조)로 하여금 행사하게 할 수 있다.

접객업소에서의 보안요원은 그의 안전 및 질서임무를 통상 점유보조자로서 수행한다. 점유보조자는 타인의 재정부담이나 영업행위 및 그와 유사한 관계에서 타인의 물건에 관하여 사실상의 실력을 행사하는데, 여기서 그와 유사한 관계란 물건에 관계된 타인의 지시에 복종하여야 하는 관계를 말한다. 이 경우에는 그 타인만이 점유자가 된다.

일반평등대우법(AGG)에 저촉되지 않거나 사법적 관계에서 기본권의 간접적 제3자효에 반하지 않는 한, 디스코텍 경영 같은 원칙적으로 (일반공중에게) 공개된 시설에서도 입장거부는 허용된다.

일반평등대우법(AGG)은 계약자유를 제한하는 법률이다. 이 법률의 목적은 인종, 민족적 출신, 성별, 종교, 세계관, 장애, 연령

또는 성적 정체성으로 인한 차별을 ─ 노동법 영역에서의 중요한
이유들에 의한 원칙과 예외를 가지고(일반평등대우법 제7조, 제8조,
제9조, 제10조, 제16조) ─ 사법에서, 그리고 기타 사법적 사실관계
에서(일반평등대우법 제19조, 제20조) 저지하거나 제거하는 것이다.

그러므로 일반평등대우법에 따를 때 접객업소에서 민족이나
인종을 이유로 한 외국인에 대한 출입금지는 예외 없이 허용되지
않는다.

사법적으로 허용되지 않는 차별로부터 나오는 청구권에 대하
여는 일반평등대우법(AGG) 제21조가 규율한다. 차별을 당한 자는
차별금지에 대한 저촉이 있는 경우 다른 청구권과 상관없이 침해
의 제거를 요구할 수 있다. 더 다른 침해가 염려된다면, 부작위를
소구할 수 있다.

차별금지에 위반하는 경우에는 차별을 하는 자는 차별을 통
하여 발생된 손해를 배상할 의무를 진다. 차별하는 자가 의무위반
에 대한 책임을 지고 있지 않는 경우에는 그러하지 아니하다. 재
산적 손해가 아닌 손해로 인해 차별받은 자는 상당한 손해보전을
금전으로 요구할 수 있다.

일반평등대우법에 따른 청구권은 2개월 내에 주장되어야 한
다. 청구기간이 경과한 후에는 차별을 받은 자가, 자기에게 책임
없는 사유로 청구기간을 준수할 수 없었던 경우에만 청구권이 주
장될 수 있다.

증명책임에 관한 일반평등대우법 제22조는 다음과 같이 규정
하고 있다: 분쟁사안에 관하여 한쪽 당사자가 일반평등대우법 제1
조에 열거된 이유로 차별을 추정하게 하는 간접증거를 제시하면,
다른 당사자는 차별로부터 보호하기 위한 규정에 저촉되지 않았
음에 대한 증명책임을 진다.

다음과 같은 것이 입장거부에 관한 정당한 이유가 될 수 있다:

수용능력, 실제적이고 분명한 복장규정(소위 드레스코드), 현존하거나 추정되는 운영상 장해와 같은 총체적 안전과 질서유지, 예를 들면 현재 또는 나중의 장해를 암시하는 혼잡이나 대량입장 그리고 입장을 원하는 자들의 행동 등이 그에 해당한다.

14.3 소 결

예시사례의 경우 손님에 의한 고소가 있으면, 경찰에게는 보안요원에 대한 고소장을 작성할 것이 요구된다. 왜냐하면 모든 개별 사안에서 법적 평가가 쉽지 않지만, 적어도 위에서 상술한 범죄행위 중 하나에 대하여는 초기혐의(Anfangsverdacht)가 존재하기 때문이다. 경찰은 보안요원에게 약정질권이 인정되지 않는 경우에는 핸드폰을 손님에게 반환하도록 한다.

손님에 대한 접객업소 운영자의 채권법상의 채권 확보를 위하여 경찰은 인적 사항을 교환하도록 하거나, 당사자들이 스스로 그를 교환하지 않는 경우에는 조사된 손님의 인적 사항을 담당 접객업소의 직원에게 전달한다.

옷장에 보관된 물건과 관련하여 경찰은 분쟁을 설명하고, 당사자를 만족시키며, 사적 권리를 확보하기 위해, 시간과 장소를 고려한 비례적인 조치를 취할 수 있다.

한쪽 당사자를 보통거래약관(AGB)에 끌어들이거나 경찰이 보통거래약관을 확인함에 있어서는, 현장에서 보통거래약관의 전체 내용을 읽어 보고 접객업소에서 보통거래약관의 정확한 상황을 사진을 통하여 확인할 수 있게 하여야 하며, 사진을 본 사람이 그에 공감할 수 있게 하여야 한다.

"입장"에 관하여 예견되는 이유가 있는 법적 분쟁에 있어서 당사자 간의 인적사항의 교환이 요구될 수 있는데, 경찰은 필요한 경우 권리의 보전과 입장에 관한 분쟁 관련자들과의 연락가능성을 위하여 이를 지원하여야 한다.

입장거부의 경우 입장거부가 예컨대 안전이나 질서유지 차원에서 정당한 것이었는지 또는 분명히 차별적인 이유로 인해 위법하였는지 여부에 대하여, 경찰에게 보통거래약관과 관련되는 법적 분쟁에서의 증인으로서의 지위가 귀속될 수 있다. 경찰은 특히 현장에서의 중요한 관찰을 확인하는 보고서의 형태로 이러한 지위에 부응할 수 있는데, 이를 통하여 경찰은 기억지원[208] 차원에서 보고서를 그리고 분쟁 관련자들은 법적 분쟁에 있어서 경찰의 확인을 원용할 수 있다.

---

208) 기억을 지원하는 수단으로서의 문서열람의 허용성에 관하여 BGH, Urteil vom 28.11.1950 - 2 StR 50/50: "법원의 신문을 받는 증인은 기억의 형성을 새롭게 하고 경우에 따라서는 그를 보정하기 위해서 기억을 지원하는 수단으로서 이전의 기록을 이용할 권리뿐만 아니라 일정한 사정 하에서는 그를 이용할 의무를 갖는다. 이러한 의무의 위반은 형법전 제163조에 따라 증인이 과실의 위증으로 책임을 져야 할 위험에 내맡겨질 수 있다. 기억의 형성을 새롭게 하기에 적합한 관련 문서를 법원이 보유하고 있는 경우에는, 법원에게 주어진 사실관계의 완전한 해명의무는 증인이 관련 문서에 접근가능 하도록 만들어 줄 것을 요구한다. 그러나 어쨌든 재판장은 최소한 증인을 관련 문서를 활용할 수 있는 권원을 가진 자로 간주하여야 한다."

15. 사회적 근접공간에서의 폭력

15.1 예시사례 "아무런 조치도 취할 수 없거나, 행위자를 구속하거나"

M은 경찰초소에 나타나 그녀를 괴롭히는 F의 스토킹에 대한 진술을 한다. 그녀는 국가가 어떻게 그녀를 도울 수 있는지 묻는다. 이전에도 그녀는 그러한 사례에서 이미 한 번 경찰로부터 "경찰이 무언가를 할 수 있으려면, 일단 무언가가 발생해야 한다"라는 답을 들었다.

15.2 예시사례의 해결

오늘날 가정폭력과 기타 친밀자간 폭력은 더 이상 국가가 "차라리 개입하지 말아야" 하는 "단순한 사인간의 문제"가 아니며, 경찰과 법원이 오늘날도 과거와 같이 "아무런 조치도 취할 수 없는 것이"아니다. 그럼에도 불구하고 국가적 조치들은 공적인 위험방지법과 형법 및 최소한 일방 당사자가 국가적 도움이 없으면 더 이상 극복할 수 없을 것으로 생각되는 사법적 영역과의 긴장관계에서 움직인다.

스토킹(Nachstellung)은 형법전 제238조에 따라 처벌 대상이 된다. 다음과 같은 행위를 통하여 다른 사람을 끈질기게 스토킹하는 자는 형법전 제238조 제1항에 따라 처벌 대상이 된다. 즉,

1) 다른 사람과 근접된 공간을 찾아가는 행위
2) 통신수단 기타 대화수단의 사용을 통하여, 또는 제3자를 통해 그와 접촉하고자 시도하는 행위
3) 다른 사람의 인적 정보를 남용하여 물건이나 서비스를 주문하거나, 제3자로 하여금 그와 접촉하도록 하는 행위

4) 자기 자신 또는 다른 사람과 가까운 사람의 생명, 신체적 완전성, 건강 또는 자유에 대한 손상을 통하여 그를 위협하거나

5) 그밖에 이와 유사한 행위를 실행함으로써

행위자가 피해자, 피해자의 가족 또는 피해자에게 가까운 다른 사람을 그러한 행위를 통하여 사망 또는 중대한 상해의 위험에 빠뜨리는 경우에, 형법전 제238조 제2항에 따른 스토킹의 위험성이 존재하게 된다.

행위자가 그 행위에 의해 피해자, 피해자의 가족 또는 피해자와 가까운 다른 사람의 사망 또는 중대한 건상상의 손해를 야기하는 경우에, 형법전 제238조 제3항에 따라 스토킹으로서의 성격을 갖는 것으로 볼 수 있다.

형법전 제238조 제1항의 경우 형사소추관청이 형사소추상의 특별한 공익으로 인해 직권개입이 필요하다고 간주하는 경우가 아니라면, 스토킹 행위는 고소가 있는 경우에만 소추가 이루어진다(형법전 제238조 제4항).

그에 상응하는 위험이나 위험의 혐의가 존재하는 경우 위험자에 대해, 주목사실의 통지(구술/서면), 체류금지 또는 제재적 보호조치나 체포와 같은 조치가 허용된다.

위험이란 예상되는 상황이 저지되지 않고 진행될 경우 예견가능한 시간 내에 손해가 발생할 충분한 개연성을 가진 상태를 말한다.[209]

위험의 혐의(Gefahrverdacht)란 납득할 만한 가정에 따를 때, 예상되는 상황이 저지되지 않고 진행될 경우 예견가능한 시간 내에 손해가 발생할 충분한 개연성이 있는 상태가 존재하게 될 수도 있

---

209) BVerwG vom 26.06.1970 - Ⅳ C 99.67 = NJW 1970, 1890.

는 경우를 말한다.

위험의 혐의의 경우 경찰은 사실인식이 불완전하고 위험진단이 충분하지 않다는 것을 안다. 그러나 경찰은 전문적인 기준에 따라 위험이 존재한다는 합리적 의심을 갖는다. 그래서 사실관계를 더 조사하면 결정 시점에서는 불완전한 사실인식이 위험이 존재한다는 인식에 이를 만큼 완전하게 될 수 있다는 이유있는 가정이 있게 된다.

위험의 혐의에 있어서는 위험의 혐의 상황이 실제로 위험이 존재하는지 여부를 확인하고(위험존재의 확인조치), 있을 수 있는 위험을 저지하기에 상당한 모든 조치들이 허용된다.

위험의 혐의에 있어서도 발생개연성이 더 높으면 높을수록, 또는 손해의 정도가 더 크면 클수록 상황의 진행을 차단하는 조치를 취하는 것이 가능하다고 하는Je－Desto－Formel(~하면, ~할수록 공식) 또는 가변성 공식(Variablitätsformel)이 적용되어야 한다.210)

주목사실의 통지(구술/서면, Gefährderansprache/Gefährderanschreiben)는 통상적으로 다수의 구성요소로 구성되어 있다: 경찰의 인지사실에 대한 수범자에의 정보제공, 현재의 경찰적, 법적 상황에 대한 평가, 그리고 경찰이 원하지 않는 행위가 있는 경우 그에 필연적으로 따르게 되는 조치의 제시.

주목사실의 통지(구술/서면)가 기본권과 관련하여 중요한지 여부는 다음의 원칙들을 고려하여 해석함으로써 판단할 수 있다. 기본권과 관련된 활동을 하기 위한 개인의 의사결정을 도울 수도 있다는 점을 고려할 때, 모든 국가적 행위가 기본권 침해가 되는 것은 아니다. 경찰조치의 수범자에게 구체적인 조치에 대해 알려주거나 경고함이 없이 사인의 행동의 가져올 수 있는 결과에 대해

---

210) 참고로 "~하면 할수록 ~하다" 공식에 관하여: BVerwGE 45, 51, 60 － Beschluss vom 26.02.1974 (Dutschke 사례).

경찰관이 일반적으로 언급하는 것은 자유로운 기본권 활동에 대해 더 많은 여지를 주는 것이 되어 기본권적으로 중요한 주목사실의 통지가 존재하지 않는다. 경찰조치의 수범자에게 **과거에 그의 책임으로 인정되었던 행위 및 이와 유사한 행위가 갖는 경찰상 의미**와 관련하여, 예컨대 구체적으로 임박한 사건을 계기로 하여 **특정한 행동을 저지하기 위한 경찰의 통지**가 행해진 경우는 이와 다르다. 즉, 이러한 경우에는 의심스러울 때는 자유를 위하여 (in dubio pro libertate[211])라는 원칙 하에, 가능한 한 최적의 기본권 보호를 목적으로 하는 일반적 행동자유의 주관화된 보호영역에 관한 정의에 따를 때, 그를 판단하고 그에게 조치를 통지하는 국가권력과 대치하고 있는 시민의 심리적 부담이 행위에 강력한 영향을 미치며 심지어 중요한 기본권을 위협하는 효과를 가질 수 있다. 이러한 전제조건이 존재하는 경우에는 주목사실의 통지는 침해적 성격을 갖는다.[212]

경찰법을 개관해 보면 스토킹을 하는 사람이 특정한 장소적 영역에서 - 예컨대 어떤 지방자치단체의 영역에서 또는 어떤 지방자치단체 내의 일부지역에서 - 범죄를 행하거나 범행에 기여할 것이라는 것이 인정되는 경우에는, 통상적으로 **체류금지**(Aufenthaltsverbot)처분이 행해질 수 있다는 것이 밝혀진다.

그 경우에는 스토킹을 하는 사람은 특정한 시간에 이러한 장소에 들어가거나 그 곳에서 체류하는 것이 금지될 수 있다. 스토킹을 하는 사람이 특정한 지역적 영역에 그의 주거를 갖고 있거나 특정한 영역에서 정당한 이익을 추구하는 경우에는 비례의 원칙의 관점에서 체류금지가 제한될 수도 있다. 체류금지는 시간적으로 그리고 장소적으로 범죄예방을 위해 필요한 범위로 제한되어

---

211) 라틴어: 의심스러울 때는 자유를 위하여.
212) 참고 NdsOVG, NJW 2006, 391, 392.

야 하며, 명확성의 원칙213)에 따라 서면으로214) 발해져야 한다. 체류금지는 강제금의 경고와 결부되어야 하고, 즉시 집행이 가능하다는 것에 관하여 설명되어야 한다. 위반 시에는 지체 없이215) 강제금의 확정과 강제징수가 행해지고, 계속해서 광범위한 체류금지 및 더 많은 강제금이 부과될 것이라는 경고가 행해져야 한다.216)

(제지를 위한) **보호조치**는 더 다른 범죄행위의 저지를 위해 허용될 수 있다.217) 반복될 위험이 존재하는 경우에는 이를 방지하기 위한 구속이 형사소송법 제112조의a에 따라 허용될 수 있다.

추가적으로 **폭력방지법**(Gewaltschutzgesetz)에 따른 가능성, 특히 동법 제4조와 동조에 규정된 동법 제1조에 따른 집행가능한 법원의 명령에 위반하는 경우에 있어서의 처벌강화에 주목하여야 한다.

폭력방지법 제1조 제1항 제1문에 따르면, 어떤 사람이 고의적으로 타인의 신체, 건강, 자유를 불법적으로 침해하는 경우에는 법원은 피해자의 신청에 따라 더 이상의 피해를 방지하기 위하여 필요한 조치를 취하여야 한다. **폭력방지법 제1조 제1항 제2문**에 따르면 그러한 명령은 기한부로 행해져야 한다. 기한은 연장될 수 있다. **폭력방지법 제1조 제1항 제3문**에 따르면, 법원은 특히 행위자가 다음과 같은 행위를 하지 않을 것을 명할 수 있다. 즉,

1) 피해자의 주거에 들어가는 것

---

213) 기본법 제20조와 연방행정절차법 제37조에 상응하는 분방행정절차법들.

214) 연방행정절차법 제37조 제1항 제1문과 분방행정절차법들의 준용 규율들.

215) 참고로: 민법전 제121조 제1항의 "지체없는"의 법적 정의는 "유책적인 지체없이"이다.

216) 더 높은 강제금의 허용성에 관하여는 VGH Mannheim, NVwZ 1996, 541.

217) 참고로 AG Stuttgart, NVwZ-RR 1998, 105: 헤로인 중독자에 대한 7일간의 보호조치. 접근가능한 마약시장은 체류금지의 정형적인 적용영역이다.

2) 피해자의 주거의 특정한 주변에서 체류하는 것

3) 피해자가 통상적으로 체류하는 다른 특정 장소를 찾아가
는 것

4) 피해자와 원거리 통신수단을 사용하여 접촉하는 것

5) 피해자와 우연히 마주치게 되는 상황을 야기하는 것

다만 이것이 정당한 이익을 추구하기 위하여 필요한 경우에
는 그러하지 아니하다.

폭력방지법 제1조 제2항에 따르면 폭력방지법 제1조 제1항은
다음과 같은 경우에 준용된다. 즉,

1) 생명, 신체, 건강 또는 자유의 침해를 들어 타인을 불법적
으로 위협한 경우

2) 불법적이고 고의적으로

a) 타인의 주거 또는 타인이 평온하게 점유하는 장소에 침
입하거나

b) 다른 사람의 명시적 의사표시에 반하여 반복하여 스토
킹하거나 원거리 통신수단을 사용하여 추적함으로 인
해 다른 사람을 수인이 불가능할 정도로 괴롭히는 경우

그 행위가 정당한 이익의 수행에 기여하는 경우에는, 폭력방
지법 제1조 제1항 제1문 제2의b호의 수인할 수 없는 괴롭힘이 존
재하는 것이 아니다.

폭력방지법 제1조 제3항에 따르면, 폭력방지법 제1조 제1항
제1문이나 제1조 제2항의 사안에서는, 향정신성 음료나 유사약품
에 의해 일시적으로 자유로운 의사결정이 배제된 정신질환적 장
애상태에서 행위를 범한 경우라도, 법원은 폭력방지법 제1조 제1
항에 따른 조치를 명할 수 있다.

폭력방지법 제2조 제1항에 따르면, 피해자가 폭력방지법 제1
조 제3항과의 연결된 폭력방지법 제1조 제1항 제1문에 따라 행위

시점에서 행위자와 장기간에 걸쳐 함께 가족생활을 영위해 왔던 경우에는, 피해자는 행위자에게 공동으로 사용되는 주거를 단독으로 사용할 수 있도록 양도해 줄 것을 요구할 수 있다.

폭력방지법 제2조 제2항 제1문에 따르면 피해자가 소유권, 지상권 또는 주거가 있는 토지 상의 용익권을 행위자와 공유하고 있거나, 피해자가 행위자와 공동으로 주거를 임차하였던 경우에는 주거 양도의 기간이 한정되어야 한다. 폭력방지법 제2조 제2항 제2문에 따르면, 행위자가 단독으로 제3자와 공동으로 소유권, 지상권 또는 주거가 있는 토지상의 용익권을 갖고 있거나 행위자가 주거를 단독으로 또는 제3자와 공동으로 같이 임차하였던 경우에는 법원은 피해자에 대한 주거양도를 최장 6개월의 기간을 정하여 명하여야 한다. 폭력방지법 제2조 제2항 제3문에 따르면, 피해자가 동법 제2조 제2항 제2문에 따라 법원이 정한 기간 내에 다른 적절한 주거공간을 수인가능한 조건으로 마련할 수 없었던 경우에는, 그것이 행위자나 제3자의 중요한 이익과 배치되지 않는다면 법원은 그 기한을 다시 6개월간 연장할 수 있다. 폭력방지법 제2조 제2항의 제1문에서 제3문까지는 주거소유권, 장기 거주권 그리고 제3자의 (부분) 주거권에 대해서 준용된다.

폭력방지법 제2조 제3항에 따르면 다음과 같은 경우에는 폭력방지법 제2조 제1항에 따른 청구권이 배제된다. 즉,

1) 피해자가 더 다른 침해의 발생을 염려할 필요가 없는 경우. 단, 행위의 중대성으로 인해 행위자와 공동생활을 계속하는 것을 수인할 수 없는 경우에는 그러하지 아니하다.
2) 피해자가 행위 후 3개월 내에 행위자에게 주거의 양도를 서면으로 요구하지 않는 경우
3) 피해자에 대한 주기 양도와 행위자의 특히 중대한 이익이 대립하는 경우

폭력방지법 제2조 제4항에 따르면 주거의 사용을 위하여 피해자에게 주거가 양도된 경우에는, 행위자는 주거 사용권을 곤란하게 하거나 불가능하게 하는 모든 행위를 하지 말아야 한다,

폭력방지법 제2조 제5항에 따르면 그것이 형평성에 합치하는 경우에는, 행위자는 피해자에게 사용에 관한 보상을 요구할 수 있다.

폭력방지법 제2조 제6항에 따르면 협박을 받은 자가 위험방지법 제1조 제3항과 연결된 제1조 제2항 제1문 제1호에 따른 협박의 시점에 행위자와 함께 장기간에 걸쳐 함께 가족생활을 영위하여 왔고, 극히 부담스러운 상황을 피하기 위해 주거의 양도가 필요한 경우에는 위협을 받은 자는 공동으로 사용되는 주거의 양도를 요구할 수 있다. 함께 살고 있는 아이들의 복지가 침해되고 있는 경우 또한 '극히 부담스러운 상황'이 존재하는 것으로 볼 수 있다. 그 밖에는 폭력방지법 제2조의 제2항에서 제5항까지의 규정이 준용된다.

폭력방지법 제3조 제1항에 따르면 피해자 또는 협박을 받은 자가 행위 시점에 폭력방지법 제1조 제1항 또는 제1조 제2항 제1문에 따라 부모의 양육, 후견 또는 부양 아래 있는 경우에는, 부모와의 관계와 다른 부양권자의 관계에서 양육권, 후견권 또는 부양권에 기준이 되는 규정이 폭력방지법 제1조와 제2조를 대신하여 적용된다.

경우에 따라서는 폭력방지법 제1조 제2항 제1문과 연결되는 폭력방지법 제1조 제1항 제1문 또는 제1조 제1항 제3문에 따라 특정된 집행이 가능한 명령에 위반하는 자는 **폭력방지법 제4조 제1항**에 따라 1년 이하의 징역이나 벌금형으로 처벌된다.

15.3 소 결

경찰과 기타 국가기관들이 아무런 조치를 취할 수 없는 것은 아니다. 위험을 야기한 자는 앞에서 기술된 조치들 가운데 행해지는 조치로 인해 상당한 구속을 받을 수 있다.

VIII

의무와 책임

VIII. 의무와 책임

1. 직무상 의무와 직무책임

직무책임(Amtshaftung)의 전제조건은 항상 기본법 제34조와 연결된 민법전 제839조와 관련하여 밝혀진다.

민법전 제839조 제1항은 다음과 같이 규정하고 있다: 공무원이 고의나 과실로 제3자에 대한 자신의 직무상 의무를 위반하면, 그는 제3자에게 그로부터 발생한 손해를 배상하여야 한다. 공무원에게 과실만이 인정되는 경우라면, 그는 피해자가 다른 방법으로 배상을 받을 수 없는 경우에만 배상청구의 대상이 된다.

기본법 제34조는 다음과 같이 규정하고 있다: 누군가 자신에게 위임된 공무를 행함에 있어 제3자에 대한 직무상 의무를 위반하면, 책임은 원칙적으로 그가 근무하는 국가나 (공공)단체에게 발생한다. 고의나 중과실에 있어서는 구상권이 유보되어 있다. 손해배상청구와 구상에 관하여 통상법원에의 제소가 배제되어서는 안된다.

민법전 제839조는 특별규율로서, 민법전 제823조나 형법전 제18조와 같은 다른 유책적 구성요건으로부터 나오는 공무원의 책임을 배제한다.[218]

---

218) 참고로 BGH, NJW 2002, 3172 f. (상사에 의한 직장 괴롭힘)

직무책임에 따른 배상청구권(Amtshaftungsanspruch)이 인정되기 위한 전제조건은 다음과 같다:

- 공무를 행하는 공무원

책임법적 의미에서의 공무원이란 그에게 위임된 공무를 행하는 모든 사람을 말한다.

따라서 다음과 같은 사람들이 책임법적 의미에서의 공무원에 해당할 수 있다. 신분법적 의미에서의 공무원, 공무를 담당하는 근로자나 고용인, 법관, 군인, 공무수탁사인, 행정보조인. 경찰관은 신분법적으로도 또 책임법적으로도 공무원이다.

경찰관도 직무수행을 위하여 신분법적 의미의 공무원이 아닌 자들을 이용한다.

공무수탁사인(Beliehene)은 법률에 의하여 또는 법률에 근거하여 개별적으로 고권적 임무를 자신의 이름으로 수행하는 자연인 또는 법인을 말한다. 공무수탁사인의 예로는 도로교통허가법(StVZO)에 따른 검사원을 들 수 있다.

(공무수탁사인과 달리) 행정보조인(Verwaltungshelfer)은 행정청의 위탁을 받아 또는 행정청의 지시에 따라 개별적으로 고권적 임무를 수행하는 사람이다. 행정보조인에 대한 예로는 견인현장에서 소위 선행행위론(Ingerenztheorie, 역주: 선행자가 – 여기서는 행정청이 – 보증인의 지위에 선다는 이론)에 따라 행정의 도구로서 행위하는 견인업자를 들 수 있다. 왜냐하면 현장에서의 고권적 직무와 밀접한 관련이 있는 견인조치는 고권적 성격이 중요시되며, 사적 견인업자는 단지 제한된 범위 내에서만 결정여지를 갖기 때문이다.[219] 손해야기시 (배상책임에 관한) 견인업자의 지위는 견인현장 및 경찰과 분리하여 달리 판단되어야 할 수 있다.[220]

---

219) 참고로 BGH, VersR 1993, 881; BGH, NJW 2005, 286 ff.
220) 다른 입장으로는: OLG Hamm, NVwZ 2001, 375 f.

공무를 행함에 있어서, 따라서 - 직무를 집행하면서 뿐만 아니라 - 고권적 활동을 계기로 공무원의 행위가 행해져야 한다.

전적으로 직무와 관련없이 개인적 동기에서 행해진 경찰관의 행위는 통상적으로 기본법 제34조와 연결된 민법전 제839조 상의 직무책임에 따른 손해배상청구권을 가져 오지 않는다. 예컨대, 경찰관이 그의 순찰 활동 중에 개인적인 이유에서 통행인에게 총을 쏘는 경우가 그렇다.221)

  - 제3자에 대한 직무상 의무의 위반

직무상 의무는 다음과 같은 것들로부터 도출될 수 있다: 훈령, 회람, 행정규칙 또는 지시 등과 같은 내부법 및 형식적 의미에서의 법률, 법규명령, 조례, 행정행위 등과 같은 외부법.

경찰에 의한 사권의 보호 영역에서 나타나는 의무의 예로는 다음과 같은 것이 있다: 현행 법규정과 행정규칙에 따른 적법한 행위를 할 일반적 의무, 관할에 속하고 절차에 적합한 행위를 할 의무, 직무상 주의 깊은 사실관계 조사의 의무; 객관적으로 적절하고 올바른 정보의 제공의무, 재량행사에 하자가 없고 비례의 원칙에 합당한 직무행사의 의무, 판례를 존중하되 판례의 구속력에만 복종할 의무 등이다.

직무상 의무의 제3자 관련성은 공무원이 공중을 위하여 존재하는 직무상 의무뿐만 아니라, 그것의 목적 규정에 따라 제3자의 이익을 위하여 직무담당자에게 부과되어 있는 직무상 의무를 위반하게 될 수밖에 없다는 것을 의미한다.

  - 유책성(고의/과실)

유책성의 척도는 민법전 제276조로부터 나온다.

민법전 제276조 제1항 제1문에 따르면, 더 엄격하거나 더 완

221) BGHZ 11, 181: 연방군대의 소속원이 분노와 복수를 위해 한 장교를 사살하였다.

화된 책임이 달리 정하여져 있지도 않고 기타 제3자와의 관계로부터 도출될 수도 없는 경우에 직무담당자는 고의와 과실을 이유로 책임을 진다. 이 경우 민법전 제276조 제1항 제2문에 따라 민법전 제827조(정신질환적 장해가 있는 경우 책임의 배제 또는 약물의 영향에 의한 경우 책임의 감경)와 민법전 제828조(미성년자)의 규정이 준용된다. 민법전 제276조 제2항의 법적 정의에 따르면, 사회생활에서 필수적으로 요구되는 주의를 소홀히 한 자가 과실로 행위를 한 것이다. 그러한 직에 종사하는 평균적 공무원이 갖는 주의의 정도가 판단의 기준이 되어야 한다.

 − 손 해

직무상 의무의 위반과 재산적 손해 사이에 책임을 충족시키는 인과관계가 존재하여야 한다. 즉, 손해가 적절하고 상당하게 인과적으로 야기되고, 직무상 의무의 보호목적에 포함되어 있어야 한다. 손해배상청구의 유형과 범위는 민법전 제249조 이하에 따라 정해지며, 원칙적으로 금전으로 지급된다.

 − 민법전 제839조 제1항 제2문이나 제839조 제3항에 따른
   책임의 면제는 없다.

민법전 제839조 제1항 제2문은 다음과 같이 규정하고 있다: 공무원에게 (경)과실에 따른 책임만이 인정되는 경우에는, 그는 피해자가 다른 방식으로 배상을 받을 수 없는 경우에만 배상청구의 대상이 될 수 있다.

민법전 제839조 제3항은 다음과 같이 규정하고 있다: 피해자가 고의나 과실로 법적 수단의 사용을 통해 손해를 회피하지 않은 경우에는, 배상의무는 발생하지 않는다.

2. 형 법

범죄는 구성요건해당성, 위법성과 유책성으로 구성된다. 법기술적으로 경찰법과 형사소송법상의 권한규범은 경찰권발동을 허용하는 법규로 주목할 만한데, 그들 법규는 경찰의 행위에 대해 정당화사유를 기술하고 있다. 범죄는 구성요건, 위법성, 유책성의 3가지 요소로 구성되어 있는데, 수권규정에 근거하여 행해지는 경찰작용은 대부분 위법하지 않고 정당성이 인정되기 때문에 경찰은 처벌을 받지 아니한다. 이는 반대로 해석하면 경찰관의 행위가 수권규정에 의하여 허용되지 않는 경우에는, 그는 위법하게 행동한 것이고 따라서 처벌될 수 있다는 것을 의미한다.

사법적 사례들에 있어서의 가벌성 리스크에 관하여는 다음과 같은 사례들이 거론되고 있다.

경찰관이 처분의 실행을 위해 강제력을 행사하는 경우, 경찰관은 형법 제240조의 강요죄, 형법전 제249조와 제250조의 (중)강도죄 또는 형법전 제340조의 공무원에 의한 상해죄의 혐의를 받게 된다.

집행조치의 공법적 적법성을 판단함에 있어서는 기본처분의 적법성이 중요한 의미를 갖지 않는다. 행정집행법의 기본 원칙은 후행행위와 종국적으로 행사되는 강제수단의 (전제)조건은 선행 집행행위의 유효성이지 그것의 적법성이 아니라는 것이다.222) 따라서 기본 행정행위의 적법성은 집행의 적법성의 전제조건이 아니다.

경찰이 사법적 사안에 있어 중요한 사법을 잘못 해석하고, 불법을 저지른 사인에게 경찰이 도움을 주거나 지원을 하고, 범죄혐의에도 불구하고 형사소추를 하지 않음으로 인해 (권리를 갖게 된) 사인이 과도한 이득을 취하고 부적절하게 행동하였다면, 경찰관은 형법전 제258조의a 공무상 처벌방해죄, 형법전 제289조(제27조)의

---

222) BVerfG, NVWZ 1999, 290, 292.

담보물 탈취(방조)죄, 형법전 제339조의 법률왜곡죄 또는 형법전 제344조의 책임없는 자에 대한 형사소추죄의 혐의를 받을 수 있다.

혐의가 인정되는 경찰관의 관여행위는 그가 익숙하지 않고 까다로운 사법분야에 관하여 전혀 알지 못했다고 하더라도 형법적인 소추를 막지 못한다: 왜냐하면 국가적 직무를 수행하는 모든 사람은 그의 직무 수행에 필요한 법적, 행정적 지식을 알고 있어야 하기 때문이다.[223] 따라서 순수한 법적 무지는 직무수행자를 형벌로부터 보호하지 않는다.

그러므로 우선 모든 경찰관들에게 "형사소송법 제136조 제1항 제2문에 따른 피의자로서 허용되는 방식으로 묵비권을 행사하거나, 형사소송법 제55조 제1항에 따른 증인으로서 그 자신이나 형사소송법 제52조 제1항에 열거되어 있는 가족 중 한 명이 범죄나 질서위반으로 소추될 위험이 있는 질문에 대해서는 정보제공을 거부할 것을" 절실히 권한다.

경찰관의 관여행위가 있는 경우, 그것은 사실의 불확실성이나 사실을 인식하지 못함에 따른 것일 수 있다. 경찰관은 진술을 하게 되면 그 진술을 통해 단지 법률의 착오뿐만 아니라 사실의 착오도 주장할 수 있어야 한다. 사실관계를 인식하지 못하였다는 것을 주장하는 진술행위의 장점은 형법전 제16조와 제17조의 내용에 대한 개관을 통해 밝혀진다. 형법전 제16조 제1항 제1문에 따를 때, 범행에 있어서 법률적 구성요건에 속하는 주위 사정을 모르는 자는 고의로 행동한 것이 아니다. 형법전 제16조 제1항 제2문에 따르면 행위 사정에 관한 고의를 조각하는 착오의 경우에 단지 과실 행위로 인한 처벌 가능성은 영향을 받지 않는다. 즉, 과실 행위로 인한 처벌 가능성은 독자적으로 심사되어야 하며, 법률이 과실행위에

---

223) BGH, Urteil vom 27.01.1975 — Ⅲ ZR 112/72 = BGH, VersR 1975, 469 = BGH, WM 1975, 426.

대하여 명백하게 형벌을 규정하고 있는 경우에만 처벌이 가능하다, 형법전 제15조. 형법전 제16조 제2항에 따르면 행위 시에 착오로 경한 법률의 구성요건을 실현하는 상황이라는 것을 인정한 자는 단지 경한 법률에 따라서만 고의범으로 처벌될 수 있다.

사실관계를 이루고 있는 사정에 관하여 착오를 한 것이 아니라, 단지 사실관계에 적용될 법률에 관하여 착오를 한 자는 통상적으로 형법전 제17조에 따른 금지의 착오에 따른다.[224] 형법전 제17조 제1문에 따르면 행위 시에 불법을 행한다는 인식이 결여되어 있고, 이러한 착오를 피할 수 없었던 경우에는 행위자는 유책성없이 행위한 것이다. 형법전 제17조 제2문에 따르면 행위자가 착오를 피할 수 있었던 경우에는 형법전 제49조 제1항에 의한 형벌이 감경될 수 있을 뿐이다. 모든 국가적 직무수행자는 그의 직무수행에 필요한 법적 지식과 행정적 지식을 갖고 있어야 한다. 따라서 통상 경찰관은 사법적 사안이라 할지라도 필요한 지식을 갖추어 순수한 법적 착오를 피할 수 있었다고 보아야 함에 가벌성이 인정된다.

3. 징계법(Disziplinarrecht)

공무원이 고의 또는 과실로 자기에게 부여된 의무를 위반하는 경우에는 연방공무원법(BBG) 제77조 제1항 제1문과 공무원신분법(BeamtStG) 제47조 제1항에 따른 직무위반을 범한 것이 된다. 직무범위 밖의 행위는 그것이 개별적 경우에 있어서의 주변사정에 따를 때 직무에 관한 중요한 방식으로 신뢰를 침해하기에 적당한 경우에만 직무위반이 된다. 공무원신분법 제47조 제3항에 따르면 직무위반에 대한 형사소추에 관하여는 각주의 징계법률들이 보다 상세한 것을 규율한다.

224) 형법전 제17조는 기본법에 합치된다. 참고로 BVerfG vom 17.12.1975 - 1 BvL 24/75.

연방공무원법 제77조 제1항과 공무원신분법 제47조 제1항에
따른 직무위반의 전제조건들은 다음과 같다.
- 공무원의 신분
- 직무의무위반, 즉 최소한 공무원의 의무에 저촉되는 행위
  (작위 또는 부작위)
- 의무위반의 인식
- 정당화 사유의 부재
- 유책성(고의/과실)

형법에서와 달리 의무위반의 인식 결여는 통상적으로 제재를
저지한다. 더욱이 소위 경미한 (의무)위반행위는 징계대상이 되지
못한다. 공무원의 노력에도 불구하고 법적 상황을 오인한 것과 이
에 기초한 위법한 조치들이 그에 속한다.

공무원이 상급자에 대하여 사건을 보고하는 경우, 공무원은
정보제공과 보좌의무에 기하여 그리고 품위유지의무에 기하여 원
칙적으로 진실하게 보고할 의무를 진다.

그 밖에 공무원은 모든 가능한 직무상황들[225]에서 모든 형량
을 하여야 함에도 불구하고, 내부적으로는 물론 외부적으로도 공
식적 징계절차에서 기본법 제1조 제1항과 연결된 제2조 제1항으
로 인해 그리고 형법 및 징계법에 동일하게 적용되는 법치국가 원
리인 자기부죄금지(nemo tenetur)의 원칙[226]으로 인해 자기 스스로
에게 불리한 진술을 해야 할 의무는 인정되지 않는다.[227]

---

225) 징계법에서의 가능한 상황에 관하여는: *Keller*, Disziplinarrecht, S.
40-44.

226) 로마법으로부터: Nemo tenetur se ipsum accussare - 독일어로는: 누
구도 자기 자신을 고발할 의무를 지지 않는다 - 의미적으로는: 누구
도 적극적으로 그 자신의 유죄입증에 협력할 의무를 지지 않는다 -
소위 소극성 원칙.

227) 참고로 *Eckstein*, DIE POLIZEI 2011, 323 f.

IX

맺음말

IX. 맺음말

사법은 형법을 포함한 공법과 함께 우리 법질서의 중요한 기둥 중 하나이다. 사법과 경찰법 사이에서는 그들의 적용에 있어 양자의 접점과 경계가 존중되어야 한다. 사법에도 실체적 진실과 절차적 증명(가능성)에 관한 규율 및 집행규율들이 있다. 민사소송법이 사법적 절차법을 규율하고 있는 반면, 민법전은 실체적 사법의 개념과 근거를 규율하고 있다. 이 책에서는 경찰이 사인에 대해 적법한 행위를 하기 위하여 사법을 고려하여야 하는 상황들 가운데 대표적인 사례들이 서술되어 있다. 나아가 책임발생의 리스크와 처벌가능성의 리스크, 그리고 이러한 리스크를 최소화하기 위한 전략들이 소개되고 있다.

이러한 토대를 알고 그에 기초하여 새로운 개별사안에 대응하는 자는 언제나 타당한 결론에 다다르며, 그를 법적 안정성을 고려하며 실행할 수 있다. 또한 그 토대를 잘 이해하는 자는, 경찰실무와 관련된 사법에서 나타나는 새로운 개별사안 또한 잘 이해한다.

실생활과 행정실무는 하나가 아니지만, 생활을 떠받치는 법과 실무에 기초하는 이론이 완전히 다른 것은 아니다. 법은 적어도 실무를 위한 이론이며, 아니 실무이론 그 자체이다. 또한 법은 자의(恣意)에 대한 대안(代案)이자, 그 안에서 모든 사람들이 중단없이 움직이는 세계이고, 우리 모두가 항상 마주치고 다루는 대상이다. 경찰관으로서, 나아가 직업인이자 소명자로서도 그러하다. 법적 지식이 사인 사이에서 뿐만 아니라 경찰에서도 동일하게 각인된다면, 상호 간의 실무적 교류는 훨씬 용이해질 것이다.

■ 참고문헌 ■

Basten, P.: Rasterfahndung, Proakitive polizeiliche Maßnahme der Raterfahndung – Ihre Geschichte in Gesetz und Praxis, Kriminalisitk, 03/2011, S. 197−202.

Bastaen, P.: Für die Einheit von Polizei−Taktik und Recht: Notwehr und Irrtum im Strafrecht im Fall einer Polizistentötung, Die Polizei 06/2012, S. 149−155.

Di Fabio, U.: Risikoentscheidungen im Rechtsstaat, Tübingen, 1994.

Drews, B./Wacke, G./Vogel, K/Martens, W.: Gefahrenabwehr, 9. Auflage, Köln, 1985.

Eckstein, G.: Wahrheitspflicht und Aussageverweigerungsrecht des Beamten bei dienstlichen Befrragungen und Stellungnahmen, DIE POLIZEI 2011, S. 321−324.

Ehricke, U.: Das Erlöschen des Vermieterpfandrechts bei Gewerberaummiert−verhältnissen im Eröffnungsverfahren insbesondere durch einen Räumungsverkauf, KTS 2004, S. 321−338.

Fischer, T.: Strafgesetzbuch und Nebengesetze, 60. Auflage, München, 2013.

Gottwald, P.: Der gefundene Autobus, JuS 1979, S. 247−250.

Götz, V.: Die Entwicklung des allgemeinen Polizei− und Ordnungsrechts (1984−1986), NVwZ, 1987, S. 858−865.

Gusy, C.: Polizeirecht, 6. Auflage, Tübingen, 2006.

Hesse, K.: Grundzüge des Verfassungsrechts der Bundesrepublik Deutschland, 20. Auflage, Heidelberg, 1999.

Isensee, J.: Das Grundrecht auf Sicherheit – Zu den Schutzpflichten des fretiheitlichen Verfassungsstaates, Berlin, 1983.

Jellinek, G.: System der subjektiv−öffentlichen Rechte, 2. Auflage 1905; Tübingen 2011.

Kahl, S.: Gewahrsamnahme von Minderjährigen, Kriminalistik 2013, S. 208−216.

Kant, I.: Kritik der reinen Vernunft, 2.Auflage 1787, aus Ausgabe der

Preußischen Akademie der Wissenschaften, Berlin 1900 ff.

Kant, I.: Prolegomena zu einer jeden künftigen Metaphysik, die als Wissenschaft wird auftreten können, Ditzingen, 1989.

Keller, C.: Disziplinarrecht – Für die polizeiliche Praxis, 2. Auflage, Hilden, 2012.

Knemeyer, F.: Polizei– und Ordnungsrecht, 11. Auflage, München, 2007.

Kommission, Erste: Motive zu dem Entwurfe eines bürgerlichen Gesetzbuches für das Deutsche Reicht. Amtliches Ausgabe. (Bände 1–6). Berlin/Leipzig, 1888, Nachdruck, Keip Verlag, Goldbach, 2000.

Kommission, Zweiter: Protokolle der Kommission für die zweite lesung des Entwurfs des Bürgerlichen Gestzbuches, Nachdruck, Keip Verlag, Stockstadt am Main, 2004.

Kottmann, D.: Das Abschleppen von Fahrzeugen, DÖV, 1983, S. 493–504.

Kopp, F/Schenke, W.; Verwaltungsgerichtsordnung – VwGO – Kommentar, 19. Auflage, München, 2013.

Meyer–Goßner, L.: Strafprozessordnung, 56. Auflage, München, 2013.

Michaels, L.: Das Abschlepen von Kraftfahrzeugen, Jura 2003, S. 298–303.

Möller, M./Wihelm, J.: Allgemeines Polizei– und Ordnungsrecht, 5. Auflage, Stuttgart, 2003.

Möstl, M.: Die Staatliche Garantie für die öffentliche Sicherheit und Ordnung, Tübingen, 2002.

Mugdan, B. (Hrsg.): Die gesammten Materialien zum Bürgerlichen Gesetzbuch für das Deutsche Reich, Berlin 1899, Nachdruck, Goldbach, 2005.

Nugel, M.: Haftungsquote und Anscheinsbeweis beim Verkehrsunfall mit zwei Kraftfahrzeugen, NJW 2013, S. 193–198

Palandt, O.: Bürgerliches Gesetzbuch, 72. Auflage, München, 2013 (zitiert: Panlandt/Bearbeiter).

Pieroth, B./Schlink, B./Kniesel, M.: Polizei– und Ordnungsrecht, 5. Auflage, München, 2008.

Poscher, R.: Gefahrenabwehr – Eine dogmatische Rekonstruktion, Berlin, 1999.

Rosenberg. L.: Die Beweislast nach der Civilprozessordnung und dem Bürgerlichen Gesetzbuche, Inaugural−Dissertation, München, 1900.

Schenke, W.; Polizei− und Ordnungsrecht, 6. Auflage, Heidelberg, 2009.

Schmidt, P./Neutzler, M.: Einsatzlehre der Polizei, Band 1, 11. Auflage, Stuttgart, 2010.

Schneider, E.: Die Bindung des Gerichts an eine Wertvorstellung des Schmerzengeldklägers, MDR 1985, S. 992−995.

Steffen, E.: Schmerzensgeld bei Persönlichkeitsverlatzung durch Medien − Ein Plädoyer gegen formelhafte Berechnungsmethoden bei der Geldentschädigung, NJW 1997, S. 10−14.

Steinhilber, R.: Sicherstellung verbotswidrig abgestellter Fahrzeuge? NJW 1983, S. 2429−2430.

Tegtmeyer, H./Vahle, J.: Polizeigesetz Nordrhein−Westfalen, 10. Auflage. Stuttgart, 2011.

Temme, M. in: *Neidhardt* (Hrsg.), Handbuch zur PDV 100, Stuttgart, 2013.

Tetsch, L./Baldarelli, M.: Polizeigesetz des Landes Nordrhein−Westfalen, Hilden, 2011.

Tettinger, P./Erbguth, W./Mann, T.: Besonders Verwaltungsrecht, 11. Auflage, Heidelberg, 2012.

Wagner, G.: Das Zweite Schadensrechtsänderungsgesetz, NJW 2002, S. 2049−2064.

Walter, T.: Kleine Stilkunde für Juristen, 2. Auflage, München, 2009.

Wittgenstein, L.; Tractatus−logico−philosophicus (Logisch−Philosophische Abhandlung), Frankfurt am Main, 2003.

Wolff, H.: Der Unterschied zwischen öffentlichem und privatem Recht, AöR 76 (1950), S. 205−213.

■ 사항 색인 ■

저 자
파스칼 바쉬텐(Pascal Basten)

독일 노르트라인베스트팔렌주(NRW) 경찰관(총경, Polizeidirektor)
독일 NRW HSPV(공무원전문대학) 경찰학부 강사(Privatdozent)

저서 Eingriffsrecht der Polizei, 2020
Recht der Polizei, 2016
Die Meschenwürde des Grundgesetzes auf dem Prüfstand, 2016
Privatrecht in der polizeilichen Praxis, 2014

역 자
김 형 훈

現) 국립경찰대학교 치안정책연구소 연구관(국제경찰지식센터장, 경감)
국립경찰대학교 법학과 졸업
고려대학교 법무대학원 경찰법 석사
서울대학교 법과대학원 행정법 박사과정 수료
독일 프라이부르크(Freiburg) 대학교 LL.M., 공법박사

저서 경찰비용법, 좋은 땅, 2013
생활안전외근론, 경찰대학, 2007
풍속범죄론, 경찰대학, 2006
경찰관직무집행법, 경찰대학, 2006

서 정 범

現) 국립경찰대학교 법학과 교수
고려대학교 법학과 졸업
고려대학교 법과대학원 법학석사, 법학박사
독일 만하임(Mannheim) 대학교 Post Doc.

저서 경찰관직무집행법 개정권고안(6인 공저), 박영사, 2020
경찰행정법, 세창출판사, 2020
경찰법연구(3인 공저), 세창출판사, 2018
행정법총론(2인 공저), 세창출판사, 2017

경찰실무에서의 사법(私法)

초판발행   2021년 10월 30일

지은이   파스칼 바쉬텐(Pascal Basten)
옮긴이   치안정책연구소(김형훈 · 서정범)
펴낸이   안종만 · 안상준

편 집   김상인
기획/마케팅   오치웅
표지디자인   BEN STORY
제 작   고철민 · 조영환

펴낸곳   (주) 박영사
             서울특별시 금천구 가산디지털2로 53, 210호(가산동, 한라시그마밸리)
             등록 1959. 3. 11. 제300-1959-1호(倫)
전 화   02)733-6771
f a x   02)736-4818
e-mail   pys@pybook.co.kr
homepage   www.pybook.co.kr
ISBN   979-11-303-4027-2 93360

* 파본은 구입하신 곳에서 교환해 드립니다. 본서의 무단복제행위를 금합니다.
* 역자와 협의하여 인지첨부를 생략합니다.

정 가   18,000원